Weißblaues Contra

das ist
Hilfreiche Betrachtungen
für bayerische Gespräche
mit Preußen von

BERNHARD ÜCKER

Süddeutscher Verlag München

ISBN 3-7991-5806-5

Printed in Germany. Schrift: Garamond Antiqua
Satz und Druck: E. C. Baumann KG, Kulmbach
Bindearbeit: R. Oldenbourg, München

Wo was in diesem Büchl steht

CAPTATIO BENEVOLENTIAE
das ist
Bitten um der Leser gütiges Wohlwollen

Es mag sein, daß in diesem Büchl mancherlei geschrieben steht, was schon geschrieben wurde.
Es mag sogar sein, daß in diesem Büchl mancherlei zu lesen steht, was der Verfasser schon selber geschrieben hat.
Aber schlechte Argumente werden durch Wiederholung nicht besser, heißt es.
So mag's auch heißen, daß gute Argumente durch Wiederholung nicht schlechter werden.
Es mag ferner sein, daß dieses Büchl mitunter sich selbst wiederholt. Aber das erspart einem geneigten Leser das Zurückblättern.
Es mag endlich sein, daß dieses Büchl überhaupt gegen den Strom schwimmt.
Wer aber solches nie tut, findet auch niemalen die Quelle.

Der Betrachtung erster und kürzester Teil
das ist
Vorspiel auf dem Piano

So nun ein Bayer an etliche Preußen gerät – weshalben er keineswegs außer Landes fahren muß, sintemalen er im eigenen Revier genug davon antrifft –, dann sollte ebenderselbe einen Spruch beherzigen, der dem preußischen Minister von der Schulenburg zugeschrieben wird, nämlich: »Ruhe ist die erste Bürgerpflicht!«
Diese Rede soll besagter Minister nach der Schlacht bei Jena im Oktober 1806 getan haben, wo es für die Preußen gar nicht gut ausgegangen ist, weil die Beschwerde eines Offiziers in den Akten verstaubt war, welche das preußische Infanteriegewehr insofern abqualifiziert hatte, als es nur noch zum Verschießen von Platzpatronen tauge und alle Verschraubungen absichtlich gelockert seien, um beim Exerzieren den rechten Schlag zu erzeugen.
Jedenfalls tat eben erwähnter Spruch seine ministeriell erwartete Wirkung und konnte gar nicht anders, da ja doch alles Pulver verschossen war. Gleichwohl fand selber Spruch in den deutschen Lesebüchern allgemein glorreiche Aufnahme als preußische Erfindung, so daß auch wir uns ihrer bedienen dürfen. Denn in besonderen Notlagen muß auch ein Bayer preußischen Rates pflegen und weil für ihn ein Gespräch mit Norddeutschen leichtlich zur Notwehr ausarten kann, sei dann ob solcher Notlage der Gebrauch preußischer Prinzipien gestattet und eventuell sogar empfohlen, der unbestrittenen Erkenntnis

wegen, daß der Gegner am besten mit seinen eigenen Waffen geschlagen wird.
Zwar neigen die Bayern ohnehin zu übermäßiger Ruhe, die aber meist kein besonnenes Abwarten hinter dem Visier darstellt, sondern ein unwirsches Hinunterschlucken mit dem leidigen Ende, daß infolge mangelhafter Verdauung des Gehörten der abwehrende Schuß zur Unzeit losbricht, weit über das Ziel hinausdonnert und im Echo als Original Potsdamer Casinogelächter zurücktönt. Wie ja gleichermaßen lächerlich der Anblick eines Löwen ist, der mit riesiger Pranke nach Fliegen schlägt. Wobei freilich anzumerken wäre, daß Fliegen in entsprechender Menge und sturer Wiederkehr auch dem Löwen nicht allein lästig fallen, sondern obendrein als jagdbares Wild erscheinen. Um wieviel würdiger wirkt hingegen ein Löwe, der eingedenk jener preußischen Verhaltensregel die Fliegen mit einem Wedeln seines Schweifes bloß wegwischt, durch bedächtiges Kopfschütteln verunsichert, in Ruhe seinen Atem sammelt und sie schließlich – wenn's ihm gar zu verdrießlich wird – mit einem Sprung weit hinter sich läßt und selbe Plaggeister verdutzt über dem Abdruck seiner Pranken herumsurren, worauf sie ihn dann freilich bald wieder eingeholt haben, so daß es mithin darauf ankommt, wer den längeren Atem hält, und hierin hat Bayern aktenkundig nachweisbar einige Übung.
Nicht minderen Vorteil aber mag es bedeuten, schon zu Beginn des Treffens den preußischen Partner an das Schulenburgische Gebot zu erinnern, denn erfahrungsgemäß läßt sich ein Preuße noch am ehesten durch die Vergatterung auf einen preußischen Tages-

befehl als stiller Zuhörer gewinnen. Und Ruhe tut bitter Not, wenn wir ihm dann zuvörderst etwa dieses erzählen:

Der Betrachtung zweiter Teil
das ist
Preußen am Ende oder am Ende Preußen?

»Done at Berlin on 25 February 1947«.
»Gegeben zu Berlin am 25. Februar 1947«.
So steht es auf einem heute schon vergilbten Papier geschrieben, und an diesem Tag ist Berlin zum letzten Mal in den Akten der Geschichte als Hauptstadt erschienen – nicht mehr als Hauptstadt eines Deutschen Reiches, sondern wiederum nur noch als Hauptstadt Preußens, des preußischen Staates. Denn viele Zeilen weiter oben war über dem Datum verzeichnet:
»Law No. 46 – Abolition of the State of Prussia« –
»Gesetz Nr. 46 – Abschaffung des Staates Preussen«.
Und Verfasser des Gesetzes war der alliierte Kontrollrat für Deutschland.
Knapp zwei Jahre zuvor schon hatte sich der zweite Weltkrieg mit seiner deutschen Katastrophe zu Tode gelaufen und ringsum waren bereits neue deutsche Länder entstanden oder – wie im Falle Bayerns – wieder hergestellt worden. Ausgestattet mit Verfassungen, demokratisch gewählten Parlamenten und bestellten Regierungen erhielten sie die untergegan-

gene Staatspersönlichkeit Deutschlands am Leben, der Staat Preußen aber ging in dieser ersten politischen Aufbauphase auch theoretisch zu Ende, nachdem Preußen als politische Praxis am Tag der bedingungslosen Kapitulation des Deutschen Reiches zusammengebrochen war. Der Artikel eins des Gesetzes Nr. 46 –

»The Prussians State together with its central government and all its agencies is abolished.«

»Der Preussische Staat zusammen mit seiner Regierung und all ihren Tätigkeiten ist abgeschafft.«

Dieser Artikel klingt wie ein Urteil. Doch in den Jahren seit Kriegsende hatte kein Prozeß stattgefunden. Trotzdem gibt es eine Urteilsbegründung. Sie lautet in der Präambel des Gesetzes Nr. 46:

»The Prussian State which from early days has been a bearer of militarism an reaction in Germany« –

»Der Preußische Staat, der aus früheren Tagen her ein Träger des Militarismus und der Reaktion in Deutschland gewesen ist, hat de facto zu bestehen aufgehört. Geleitet von den Interessen der Bewahrung des Friedens und der Sicherheit der Völker und mit dem Wunsch, das politische Leben Deutschlands auf einer demokratischen Grundlage wieder herzustellen, verordnet der Kontrollrat wie folgt:

Der Preussische Staat zusammen mit seiner Regierung und all ihren Tätigkeiten ist abgeschafft.«

Den Prozeß aber, mit Anklage und Beweisaufnahme, hatte lang zuvor schon die Geschichte selbst angestrengt und maßgebend für den alliierten Federstrich zwei Jahre nach der Ergreifung des Täters war der Schuldspruch, daß diese politische Kraft ganz

Europa ins Elend getrieben hatte – war die Befürchtung, daß eben jetzt in tiefster deutscher Not das Preußentum mit Hilfe eines preußischen Staates als Kristallisationskern erneut an die Macht gelangen könnte – daß darum der preußische Staat auszulöschen oder mindestens für immer in Sicherheitsverwahrung zu nehmen sei. War aber der Schuldspruch, war das Urteil gerechtfertigt?
Nun, jeder Prozeß hat seine Zeugen, und wir lassen sie hier zu Wort kommen. Nein, keine Bayern. Wir müssen fairerweise die Bayern für diese Verhandlung ablehnen wegen ihrer Befangenheit sozusagen, als politische Opfer des vergangenen Jahrhunderts deutscher Geschichte – oder auch als moderne Gaudiburschen einer kommerziellen Verbrüderungsszene mit Saupreiß und Friedenskuß über einem schaumgebremsten Maßkrug. Nein, ganz unverdächtige Zeugen sind hier aufgerufen, nördlich der Mainlinie angesiedelt und vorwiegend sogar in Friedrichs eigenem Land.
»The Prussian State which from early –«
»Der Preussische Staat, der aus früheren Tagen her ein Träger des Militarismus und der Reaktion in Deutschland gewesen ist –«
Ja, wann eigentlich beginnt in der deutschen Geschichte eine Entwicklung, die den Begriff Preußentum formte? Und welche Persönlichkeit hat ihn am deutlichsten verkörpert?
Die Antwort nennt sicherlich an erster Stelle König Friedrich II. von Preußen, der in unseren Geschichts- und Schulbüchern der Große oder auch biedermännisch Alter Fritz genannt wird.

Oder hat es nicht schon früher begonnen, mit seinem Vater Friedrich Wilhelm I., der den kritischen Beinamen Soldatenkönig trägt und am Ende doch der Größere war, weil er, genau besehen, vor allem die guten Seiten des Preußentums repräsentiert? Denn ein altes Geschichtsbuch, 1851 geschrieben von Johann Sporschil, sagt über den Vater des Großen:
»Einen erfreulichen Gegensatz zu den meisten übrigen Fürsten Deutschlands bildete der König Friedrich Wilhelm I. von Preussen durch Sittenreinheit, Einfachheit, und Fernhaltung von aller Günstlingsherrschaft, allem Mätressenwesen, und aller Verschuldung.«
Freilich, weit mehr interessierten sich die Historien- und Histörchenschreiber dafür, daß dieser König fast alle Gerichtsurteile verschärfte, seine Beamten eigenhändig verprügelte und eine maschinenmäßig exerzierende Armee aufbaute. Darüber geriet seine wirkliche Leistung in Vergessenheit. Sie bestand aber darin, daß Friedrich Wilhelm von seinem Vater – der mit kaiserlicher Permission als erster den Titel eines Königs in Preußen trug –, daß er von ihm einen völlig verlotterten und verschuldeten Staat übernommen hatte und trotzdem, als er am 31. Mai 1740 mit erst 51 Jahren starb, die Bilanz aufmachen konnte:
»Während meiner Regierungszeit stiegen die jährlichen Einkünfte des Preussischen Staates von anderthalb auf sieben Millionen Thaler. Ich hinterlasse meinem Sohn Friedrich im Staatsschatz acht Millionen und siebenhunderttausend Thaler und sodann hat er noch ein stehendes Heer von mehr als achtzigtausend Mann.«

Das war für diesen damals noch kleinen Staat ein beispielloser Kraftakt und immerhin hatte der sparsame König mit seiner geliebten, kostspieligen Armee so sehr hausgehalten, daß er sie niemals einem Krieg aussetzte und heikle Situationen weit billiger nur politisch bereinigte. Allerdings, auch Friedrich Wilhelms barbarische Härte seinem Sohn Friedrich gegenüber ist unübersehbar aktenkundig. So schrieb der Kronprinz 1729 an seine Mutter:

»Ich bin in der äußersten Verzweiflung, der König hat ganz vergessen, daß ich sein Sohn bin, und mich wie den gemeinsten Menschen behandelt. Ich trat diesen Morgen wie gewöhnlich auf sein Zimmer, er sprang sogleich auf mich los, schlug mich auf die grausamste Weise so wüthend, daß er nicht eher als vor eigener Ermattung aufhörte.«

Man sollte glauben, daß Friedrich nach so bitteren Erfahrungen mit einem despotischen Vater seinem Volke dann ein liberaler, milder und toleranter Herr geworden wäre, und mit solcher Darstellung in der Geschichte hat die politische Propaganda ihr erstes Meisterstück vollbracht. Der 1769 geborene Bonner Professor Ernst Moritz Arndt aber schrieb 1806 im ersten Band seines Werkes *Geist der Zeit* folgende friederizianische Rezension:

»Wir Deutschen, wenn wir uns als Volk ansehen, haben uns dieses Königs wenig zu erfreuen gehabt, ja keiner hat uns so geschadet, nicht bloß scheinbar, sondern wirklich. Welch ein Staat! Und welch ein Herrscher! Schrie man überlaut. Alles Weisheit, Gerechtigkeit, lebendige Beweglichkeit! Und doch alles nur Maschine! Ja, Maschine, Maschine!«

Und Ernst Moritz Arndt fährt fort: »Friedrich kannte nur den eigenen Willen und mit seiner Beständigkeit führte er seine künstliche Staatsmaschine auf, wodurch er auf fünf bis sechs Millionen Menschen zweihundertfünfundzwanzigtausend Mann gerüstet. Aber Gerechtigkeit, die ewige Königin des Königs wie des Bettlers, milde Schonung des Menschenlebens, zarte Behandlung des Volkssinnes sucht der menschliche Forscher in den herkulischen Arbeiten des Großen Königs vergebens. Der strengste Eigensinn, der wildeste Despotismus, das erbarmungsloseste Zertreten der zarten Keime, der menschlichsten Gefühle ist allenthalben.«
Und weiter schreibt der Bonner Professor: »Und welchen Sinn hatte die Monarchie Friedrichs des Einzigen? Doch wohl einen sehr volklichen? Denn er hieß ja so gern der Schützer und Beschirmer der deutschen Freiheit und seine Zeitgenossen riefen es vor ganz Europa aus, daß Friedrich, der Preußenkönig, ein Deutscher war. Leere Klänge, womit man immer gespielt hat. Fremd war der Sinn dieser Monarchie allem, was deutsch heißt. Der deutsche Sinn liebt das Gerechte und Gleiche, dazu das Förmliche, ohne mit Polizei und Aufsicht so viel zu tun zu haben als im Preußischen Staat. Daher die Abneigung, ja fast die Abscheu der kleinen Staaten Deutschlands, wenn es heißt, der preußische Adler soll über ihren Toren seine mächtigen Fittiche ausspreitzen. Es ist nichts lächerlicher als dem König patriotische deutsche Ideen beilegen zu wollen. Der König gewann seinen Zug, Österreich verdächtig und schwächer zu machen, aber notwendig gewann er auch den, welchen er wohl

nicht wollte, Teutschland für immer zu lähmen. Das brandenburgische Haus, die preußischen Adler sollten herrschen, sollten auch Millionen darum bluten und elend sein.«

Nur der Monolog eines verbitterten Professors? Gotthold Ephraim Lessing, der Dichter und Friedrichs Zeitgenosse schrieb 1769 an Nicolai:

»Sagen Sie mir von Ihrer berlinischen Freiheit zu denken und zu schreiben ja nichts! Lassen Sie einen in Berlin auftreten, der für die Rechte der Untertanen und gegen Aussaugung und Despotismus seine Stimme erheben wollte – Sie werden bald die Erfahrung haben, welches Land bis auf den heutigen Tag das sklavischste Land von Europa ist.«

Nur die Stimme eines vergrämten Poeten? Nun, der Olympier Goethe, bekanntlich 1749 geboren, nannte Friedrich II. einen roten Jacobiner – seinerzeit die Verkörperung der blutigen Gewalt. Der andere zeitgenössische Dichterfürst, Friedrich von Schiller, gab als Dramatiker den schroffen Bescheid:

»Friedrich II. ist kein Stoff für mich, ich kann diesen Charakter nicht lieb gewinnen.«

Johann Joachim Winckelmann, 1717 geboren und als Begründer der deutschen Altertumswissenschaft gerühmt, führt Klage:

»Es schaudert mich die Haut vom Haupt bis zu den Zehen, wenn ich an den preußischen Despotismus und an den Schinder der Völker denke.«

Und der aus Ostpreußen gebürtige Geschichtsphilosoph Johann Gottfried Herder prophezeit:

»Die Staaten des Königs von Preußen werden nicht glücklich sein, bis sie zerteilt werden.«

Und Friedrich II. selbst? Als persönliches Prinzip hat er bekannt:
»In der Politik muß man zurückkommen von den ängstlichen Ideen, die der große Haufen sich über Gerechtigkeit und Aufrichtigkeit und ähnliche Tugenden bildet: Alles läuft auf die Macht hinaus!«
Dazu sein militärischer Lehrsatz: »Der Soldat muß seine Offiziere mehr fürchten, als die Geschosse, denen man ihn aussetzt – Furcht ist vonnöten.«
Dem entsprach ein königlicher Befehl:
»Der Kerl soll vierundzwanzigmal Spießrutenlaufen – –«
– das waren fünfundfünfzigtausend Schläge –
»– und wenn er dann noch lebt, zwei Jahre Zwangsarbeit erhalten.«
Ein Gnadengesuch des Regimentskommandeurs wurde abgelehnt.
Und Friedrichs Maxime, daß in Preußen jeder nach seiner Façon selig werden könne?
Nun, einem desertierten Soldaten hatte der Militärgeistliche Faulhaber in der Beichte erklärt, daß die Fahnenflucht wohl eine große Sünde sei, nicht aber – wie das der König befohlen hatte – eine Todsünde, die unweigerlich zur ewigen Verdammnis führe. Friedrich erließ daraufhin gegen diesen Priester die Kabinettsorder:
»Mein Lieutnant-Colonel, Sie müssen den Pater Faulhaber hängen, ohne ihm vorher den Empfang der Sakramente zu gestatten.«
Und also wurde verfahren.
Bleibt noch die Frage nach der deutschen Leistung dieses von einem irrtümlich gepriesenen König

regierten Staates und seiner Politik. Der Preußen sonst wohl gesonnene Geschichtskritiker Gustav Pfizer schrieb schon 1839:

»Man wird immer mehr einsehen, daß er die vollständige Auflösung des Reiches herbeigeführt hat.«

Und einer von den Göttinger Sieben, der Historiker Friedrich Christoph Dahlmann, urteilte zur gleichen Zeit in seinen Vorlesungen über deutsche Geschichte:

»Friedrich II. Taten vertilgten die Spuren von Achtung gegen Kaiser und Reich. Der Untergang der deutschen Reichsverfassung wurde dadurch angekündigt.«

Und sogar der bereits erwähnte Johann Sporschil, im übrigen von Friedrich meistens angetan, zieht als Fazit friederizianischer Politik:

»Das Deutsche Reich als solches aber war zum Phantom geworden.«

Doch zuvor schon hatte der nassauische Politiker in preußischen Staatsdiensten, Karl Reichsfreiherr vom und zum Stein, die Ahnung gehabt:

»Preußen wird unbedauert und ohne Nachruhm untergehen, und man wird es für ein Glück halten, wenn die Macht, die durch ihren Ehrgeiz Europa erschütterte, die keine Pflichten weder gegen sich noch gegen den europäischen Staatenbund erfüllt hat, zu sein aufhört.«

Das war die Tatensumme eines glorifizierten Königs, der in sinnlosen Kriegen den väterlichen Staatsschatz verschleudert, die Armee verbraucht und sein Volk bis zur äußersten Grenze genötigt hatte. Denn der preußische General von Möllendorf berichtet im siebenjährigen Krieg 1761:

»Wir sind am Ende. Hier ist einer wie der andere ein Schurke. Die Soldaten entbehren das Notwendigste, sie gehen stehlen, sie sind Straßenräuber. Unsere Desorganisation ist der Krater, über dem wir zusammenstürzen.«
Und dennoch bis in unsere Zeit: Fridericus Rex, Friedrich der Einzige, Friedrich der Große – bis in unsere Zeit. Und kein Wunder, wenn sich in dieser Zeit 1924 dann der Historiker Werner Hegemann wundert:
»Hat aber jemals ein Volk die selbstvernichtende Perversität weiter getrieben als die Deutschen, die sich diesen Hochverräter als Nationalhelden aufschwatzen ließen?«
Und sein Kollege Denkwitz stellt die Betrachtung an, daß ein deutscher Patriot unmöglich den Seufzer unterdrücken könne:
»Was wäre aus Deutschland geworden und wie viel wäre den Deutschen erspart geblieben, wenn dieser Mensch nicht gelebt hätte?«
Oder – so darf man hinzufügen – wenn statt seiner der oft so leichtfertig abqualifizierte Soldatenkönig Friedrich Wilhelm I. allein den Begriff des Preußentums geprägt hätte? Doch die friderizianische Lesart von Preußens Glorie, ihr Geist wurde zur deutschen Vormacht im 19. Jahrhundert. Zwar garantierte seit 1815 der auf dem Wiener Kongreß geschaffene Deutsche Bund als Vereinigung so ziemlich aller Deutschen und obendrein europäisch verklammert eine friedliche Entwicklung – eine zeitgemäße Reform des Bundes hatte später ja Preußen durch seine demonstrative Verhandlungsabstinenz gesprengt –, doch

1863 erklärte der preußische Ministerpräsident Graf Bismarck dem sächsischen Minister von Beust:
»Bundesbruch und Friedensbruch sind mir ganz gleichgültig. Wichtiger ist mir das Wohl meines Königs und Herrn.«
Und es kam auch zum Bundesbruch, zum Rechtsbruch, als Bismarck am 8. April 1866 in klarer Verletzung der Bundesakte gegen Österreich eine geheime Angriffsallianz mit Italien schloß. Das war eine der Vorbereitungen zum Bundeskrieg von 1866, der dann – zusammen mit dem Siebziger Krieg – von beflissenen Geschichtsschreiberlingen fälschlich in die Kategorie »Deutsche Einigungskriege« eingereiht wurde.
Falsch deshalb, weil Deutschland ja zuvor schon im Deutschen Bund geeinigt war, und gerade während dieser Bundesära die erste Strophe des damals gedichteten Deutschlandlieds – »Von der Maas bis an die Memel, von der Etsch bis an den Belt« – einigermaßen der Wirklichkeit entsprach. Nach diesem Krieg aber war Österreich kein politischer Bestandteil Deutschlands mehr und damit erstmals die bis dahin tausendjährige und felsenfeste Überzeugung erschüttert, daß Deutschland unteilbar sei.
So schrieb am 4. Juli 1866 die preußische Kronprinzessin selbst an ihren Gemahl: »Wie er gekommen, dieser Krieg, das wissen wir, wie ungerecht, brutal und inkonsequent unsere Politik, das wissen wir auch. Ich kann mich über die Niederlage der armen Österreicher nicht freuen. Ich wünschte nur, daß das einer besseren Sache gewidmet gewesen wäre, gegen wirkliche Feinde und nicht gegen deutsche Brüder.«

Vergebens hatte Bismarcks Gegenspieler – der geistreiche Föderalist Constantin Frantz – den Grafen schon vier Jahre vor dessen Amtsantritt als Ministerpräsident gewarnt:

»Wenn Sie, was Sie ja wollen, den Krieg gegen Wien machen, anstatt die Freundschaft und die Föderation mit Wien innerhalb des Deutschen Bundes auszubauen und dann nach England zu verlängern, dann werden die Russen die Grenze in Europa beziehen, die sie als Russen für ihre natürliche Grenze halten – nämlich die Linie Hamburg–Triest.«

Das ist beinahe die heutige Oder-Neiße-Linie, 87 Jahre vor ihrem Entstehen prophezeit. Doch für die preußische Politik waren andere Lehrer und Lehren maßgeblich, und Berlins Hofhistoriker Heinrich von Treitschke dozierte: »Bis an das Ende der Geschichte werden die Waffen ihr Recht behalten und gerade darin liegt die Heiligkeit des Krieges.«

Und Preußens Feldherr Helmut von Moltke schrieb:

»Der ewige Friede ist ein Traum und nicht einmal ein schöner und der Krieg ein Glied in Gottes Weltordnung.«

Und Erich Ludendorff, heroisierter Generalquartiermeister des ersten Weltkriegs und später Hitlers Bundesgenosse, hat in seinem Buch *Der totale Krieg* verkündet:

»Was ist Preußentum? Die unzweideutige Unterordnung der aufbauenden Kräfte unter eine tiefgewurzelte Entscheidung für Gewalt und Krieg als oberste Regulatoren des menschlichen Lebens. Jede menschliche und soziale Tätigkeit hat nur dann Bedeutung, wenn sie den Krieg vorbereitet.«

Was also ist Preußentum? Diese Antwort eines Experten ist grauenvoll, und als deutscher Trost mag dabei nur dienen, was der bayerische Kurfürst Maximilian I. in seinen Monita paterna dem Kurprinzen Ferdinand Maria als Richtschnur hinterlassen hat:
»Wer vom Krieg redet, redet nur Übles.«

Aber nicht mit solcherlei väterlichen Ermahnungen ging Preußen und mit ihm Deutschland ins zwanzigste Jahrhundert. Auch Constantin Frantz fand kein Gehör für seine erneute Warnung, daß sich das neue, von Bismarck errichtete Reich zum alten Kaiserreich verhalte wie eine Kaserne zu einer gotischen Kathedrale und die Rechtfertigung dieser Machtpolitik eine Kanonenphilosophie sei. Als der russische Zar 1899 im Haag eine Abrüstungskonferenz versammelte, höhnten deutsche Juristen:
»Unsere germanischen Ahnen würden sich in ihren Gräbern umdrehen!«
Und Deutschlands Delegierter verwarf als erster Sprecher mit Schärfe jeden Gedanken an Abrüstung. Auch bis zur zweiten Konferenz im Jahre 1907 hatte sich die deutsche Haltung keineswegs geändert.
Was Wunder bei solcher Einstellung, daß vom Deutschen Reich der erste Weltkrieg zwar nicht alleinschuldig begonnen, doch ebensowenig durch angestrengte Friedensbemühungen verhindert wurde? Bismarck persönlich hatte noch das Ende vorausgesehen. Denn als entlassener Kanzler sprach er am Abend seines Lebens die bitteren Worte:
»Zwanzig Jahre nach dem Tode Friedrichs des Großen kam Jena und zwanzig Jahre nach meinem

Ableben wird Deutschland zusammenbrechen, wenn es so weiter regiert wird.«
Bismarck starb am 30. Juli 1898 – und fast genau zwanzig Jahre später, im November 1918, erfolgte Deutschlands Zusammenbruch.
Doch es war Bismarcks eigene Saat, die solche Frucht getragen hatte, gesät gegen den Wind wohlüberlegter Warnung.
Wilhelm Emmanuel von Ketteler – ein geborener Westfale, der zu den sozialen, freimütigen und großen Bischöfen des neunzehnten Jahrhunderts zählt – schrieb schon 1867 sein Buch *Deutschland nach dem Krieg von 1866* und sagt im Vorwort:
»Wir sehen einen Weg voll innerer Kämpfe, voll der Schmach und des Verderbens für unser deutsches Vaterland voraus.«
Und in Verurteilung einer angemaßten, angeblichen Weltaufgabe Preußens fragt er:
»Wer weiß, welchen Weltberuf sich Rußland, welchen die nordamerikanischen Staaten sich einmal beilegen werden?«
Damals war Lenin noch gar nicht geboren und Nordamerika von seinem großen Bürgerkrieg ausgelaugt.
Die Sorge dieses Bischofs vor dem Unheil hört man aus seiner Warnung durch:
»Nicht dadurch ist die Zukunft Deutschlands und Preußens gesichert, daß immer nach Verlauf einiger Jahre auf den blutigen Schlachtfeldern Siege errungen werden, die sich so leicht in Niederlagen verwandeln können.«
Und wirklich: Die deutschen Siege zwischen 1914 und 1918 wurden zur katastrophalen Niederlage.

Doch umsonst: Auch die Weimarer Republik lernte wenig hinzu. Ohne nachdenkliche Rückschau auf die in Jahrhunderten an Werken des Friedens bewährte Vielfalt deutscher Länder, ohne Erkenntnis dessen, was dem deutschen Namen in Wahrheit zur Ehre gereicht hatte, verstärkte sie die Zentralisierung des Reiches und schuf die vorgefertigten Einzelteile, aus denen Adolf Hitler dann den Einheitsstaat nur noch zu montieren brauchte. In ihm aber beging auch der zuvor wenigstens offiziell abgeschriebene Militarismus wieder seine Auferstehung. Zum Tag von Potsdam bereits, am 21. März 1933, triumphierte die Berliner Börsenzeitung:

»Seit vierzehn Jahren war die Parole ›Freiheit und Friede‹. Das war keine preußische Devise. Preußen hat den Krieg gepredigt – heute haben Preußen, preußischer Geist, preußische Tradition die Leitung des deutschen Geschicks wieder übernommen.«

Knapp ein Jahr später schon wurden die deutschen Bundesstaaten – von Weimar bereits in Länder verwandelt – zu Verwaltungsprovinzen degradiert. Die allgemeine Wehrpflicht und ihre Verdoppelung im Jahre 1936 folgten, Hitler erpreßte seinen gleichgeschalteten Einheitsstaat um neunzig Milliarden Mark für eine Rüstung mitten im Frieden, und wieder einmal verfing das altpreußische Märchen – überliefert von Friedrich II. bis Wilhelm II. –, die Mär nämlich, daß Deutschland ringsum von Feinden bedroht sei.

Gewiß, Hitler war süddeutscher Abstammung, doch sein Münchner Putsch im Jahre 1923 hatte ihn für Bayern politisch erledigt und erst seine Ernennung zum Regierungsrat im norddeutschen Braunschweig hat ihn wieder salonfähig gemacht. Sein Weg *Vom Kaiserhof zur Reichskanzlei* – wie ihn Joseph Goebbels in seinem gleichnamigen Buch beschrieben hat – konnte nur von Berlin und nicht von München aus zur Zerstörung Deutschlands führen.

Am Beginn dieser Zerstörung stand ein Wort Adolf Hitlers, das er am 22. August 1939 auf dem Obersalzberg vor SS-Führern gesprochen hatte:

»So habe ich meine Totenkopfverbände bereit gestellt mit dem Befehl, unbarmherzig und mitleidlos Mann, Weib und Kind polnischer Abstammung und Sprache in den Tod zu schicken. Nur so gewinnen wir den Lebensraum, den wir brauchen.«

Und noch eins:

»Haut doch die Polen, daß sie am Leben verzagen. Ich habe alles Mitgefühl für ihre Lage, aber wir können, wenn wir bestehen sollen, nichts anderes tun, als sie auszurotten.«

Doch dieses Wort hat nicht Hitler gesprochen, sondern Bismarck im Jahre 1861 geschrieben, in einem Brief an seine Schwester Melwine von Arnim.

Immerhin, Widerstand gegen Hitler regte sich. Er trug in Bayern die Züge des Professors Kurt Huber, den die Nationalsozialisten aufs Schafott schickten, weil er 1943 dieses Wort verbreitet hatte:

»Jede zentralistische Gewalt, wie sie der preußische Staat in Deutschland und Europa auszuüben versucht hat, muß im Keim erstickt werden.«

Das Aufbegehren trug in Norddeutschland die Züge des 20. Juli 1944. Er wurde mit seinem blutigen Ende zum Ehrendatum deutscher Geschichte. Doch ist kaum bekannt, daß auch diese persönlich so tapferen Rebellen den wahren Ungeist preußischer Staatsauffassung nicht erkannt hatten. Denn für die Verschwörer des 20. Juli war der von Preußen gepredigte Zentralismus derart selbstverständlich und prinzipiell, daß jede andere staatspolitische Lösung völlig außerhalb ihres Vorstellungsvermögens lag – obwohl doch in jenen Tagen abermals gerade der Einheitsstaat in Scherben ging und einem oder vielmehr dem deutschen Inferno zutrieb.

Dennoch, unberührt von alledem schrieb diese stärkste Widerstandsgruppe Deutschlands im Entwurf ihres vorläufigen Staatsgrundgesetzes:

»Im Reichsgebiet gibt es nur eine Staatsgewalt, die des Reiches.«

Und weiter:

»Preußen vollendet seine reichsbildende Mission, indem es auf den staatlichen Zusammenhang seiner Provinzen verzichtet.«

Und noch weiter:

»Das Reich gliedert sich in Länder. An der Spitze des Landes als Verwaltungsbezirk des Reiches steht der Reichsstatthalter. Er übt zugleich als Kommissar der Reichsregierung die Aufsicht des Staates über das Land als Gebietskörperschaft aus.«

Reichsstatthalter, Reichskommissar? War das nicht kurz zuvor schon den Ländern widerfahren von denen, die der 20. Juli eigentlich beseitigen wollte?

Doch am 8. Mai 1945 war Preußen, war mit ihm ganz Deutschland am Ende. Die deutschen Länder indessen bauten das Zerbrochene wieder auf, begannen unter unsäglichen Mühen und mit einigem Erfolg der schlimmsten Verelendung zu steuern. 1947 aber rief der bayerische Ministerpräsident Hans Ehard die deutschen Länderchefs aus West und Ost nach München zur Beratung über den weiteren Weg aus der gemeinsamen Not. Doch die Ministerpräsidenten der sowjetisch besetzten Zone stellten unmittelbar vor Beginn der Konferenz unerbittlich die Forderung, als ersten Punkt auf die Tagesordnung zu setzen:

»Bildung einer deutschen Zentralverwaltung durch Verständigung der demokratischen Parteien und Gewerkschaften zur Schaffung eines deutschen Einheitsstaates.«

Das widersprach ohnehin den Richtlinien der westlichen Besatzungsmächte. Doch zudem: Noch bevor es zu einem Beschluß über die Tagesordnung kam, fuhren die aus dem Osten angereisten Herren wieder zurück. Und wie Ehard berichtet, hat ihm einer davon beim Abschied noch zugeflüstert:

»Es tut mir leid, aber wir sind mit gebundener Marschroute hierhergekommen.«

Wenig später hat Ulbricht in seiner Zone die Länder abgeschafft, geradeso wie Adolf Hitler ein gutes Dutzend Jahre zuvor. In Ostdeutschland ist der Einheitsstaat perfekt, Feiertage werden mit militärischen Paraden und paramilitärischen Aufmärschen begangen. Am Ende Preußen?

Und in Westdeutschland, in der Bundesrepublik?

Die amerikanische Proklamation Nr. 2 vom 19. September 1945 bestimmt wörtlich, daß die bisherigen Verwaltungsgebiete von jetzt ab als Staaten zu bezeichnen seien. In den sogenannten Frankfurter Dokumenten vom 1. Juli 1948 ist wiederum von den

Ländern als Staaten die Rede. Dann ging es an die Ausarbeitung eines bundesdeutschen Grundgesetzes. Doch Hans Ehard erzählt, daß bereits im August 1948 das Vordringen zentralistischer Tendenzen deutlich erkennbar geworden sei. Das Ergebnis war schließlich eine bundesdeutsche Verfassung, die jede Handhabe bietet für eine Steuerung auf zentralistischem Kurs. Und bis 1973 wurde das Grundgesetz einunddreißig Mal geändert – öfter als die Verfassung der USA in zweihundert Jahren – und fast immer zu Lasten des föderativen Prinzips, in Richtung Einheitsstaat – ausgehend von dort, wo ehedem Preußen war.

Am 3. März 1867 schrieb der Bonner Professor Otto Pertes: »Durch alle Preußen hindurch zieht sich ein Naturtrieb, gerichtet auf die Annexion und Zentralisation des Annektierten.«

Auch das also stammt weder von einem Bayern noch aus der Gegenwart. Doch eben dieses Wort und der Blick auf unsere Tage erzwingen die Frage: Preußen am Ende oder am Ende Preußen?

Nun wäre es immerhin denkbar, daß unseren Partner mittlerweile die anverordnete Ruhe verlassen hat. Er wird aufbegehren, wird protestieren, von ausgesuchten Bosheiten wettern. Mag schon sein, daß vieles gesucht war, doch immerhin: Es wurde gefunden und nichts erfunden.

Semper aliquid haeret – sagt der Lateiner –, es bleibt immer etwas hängen. Und irgendwas muß wohl dran sein, wenn in aller Welt niemand vom bayerischen Militarismus oder von preußischer Gemütlichkeit spricht.

Der Betrachtung dritter Teil
das ist
Das Preußische im Preußen

Wer oder was ein Preuße ist – diese Definition hat in Bayern verschiedene Seiten und mit dem Begriff des klassischen Preußen gar nimmer so viel zu tun. Im Gegenteil: Die Tugenden der ehedem vom Alten Fritzen beherrschten Lande, wie etwa die schlichte Lebenszufriedenheit ihrer Menschen, berühren den Bayern von heute eher sympathisch. Auch jenes frühere preußische Selbstgefühl, das im Grunde eine deutsche Kaiserkrone nicht wollte und mit dem eigenen, hausgemachten Diadem zufrieden gewesen wäre, berührt harmonisch die bayerische Formel des »mir san mir«. So kommt es auch, daß mancher aus den dereinst friderizianischen Herrschaftsgebieten nach Bayern Zugewanderte mehr bayerisches Staatsbewußtsein entwickelt als eine keineswegs geringe Zahl von Ureinwohnern, die voll der Unerschütterlichkeit eines gefüllten Bierbanzens für Bayern das tun, was der Bayer am liebsten tut – nämlich nichts.
Und mir widerfuhr doch wahrhaftig folgendes: Eine Rundfunksendung, in der ich das Weißblaue so dick wie möglich aufgetragen hatte, war gerade vorüber. Da klingelt es an meiner Wohnungstür, und draußen steht mein Nachbar, ein waschechter Berliner. Ich will schon in Deckung gehen, er aber hält mir eine

Flasche Sekt hin und strahlt: »Herzlichen Dank für diese Sendung!«

Geographischer Natur ist also die Definition nicht unbedingt. Gewiß, noch immer gilt so ziemlich alles nördlich von Kassel für den Bayern als Preußen, und für etliche fängt's schon drüberhalb der Mainlinie an. Die Preußen jedoch, die dem Bayern der zweiten Hälfte des zwanzigsten Jahrhunderts das Bier seines Lebens verwässern, Magengeschwüre und Gallenverschlüsse wuchern lassen – die kommen vorwiegend aus Regionen, deren Bewohner vor hundert Jahren noch ihre Titulierung als Preußen einer Beleidigung gleichgesetzt hätten: Die nördlichen Rheinlande sind gemeint, dort, wo beispielsweise in Wuppertal an einem Wochenende des Jahres 1974 einhundertfünfzig Polizisten nötig waren, um die Spieler des FC Bayern vor den Gehässigkeiten der Menge zu schützen. »Hick hack – Bayernpack!« war noch die lieblichste der Begrüßungen.

Es ist, als hätten sich alle preußischen Eigenschaften, die der Bayer nicht leiden kann, als hätte sich das schon erwähnte Zitat jenes Bonner Professor Otto Pertes – »durch alle Preußen hindurch zieht sich ein Naturtrieb, gerichtet auf die Annexion und die Zentralisation des Annektierten« – in einem Rheinpreußen konzentriert, weil es nach 1945 in einem Staat Preußen dafür keine Verwendung mehr gab. Und ein nachdenklicher Bayer überlegt, ob es gar so sinnvoll war, diesen preußischen Staat aufzulösen. Denn ein Feuer brennt am sichersten im Ofen und nicht ringsum als Gluthäufchen verteilt. Zumal dieser Ofen seit 1945 kein Hochofen mehr war.

Was aber ist nun ein Preuße oder preußisch, nicht nur politisch, sondern auch sonst und bayerischen Mißfallens würdig?

Der oder das vielleicht:

Das war schon vor Jahr und Tag und nie hab ich's vergessen. An einem Tisch neben mir saßen im Casino des Bayerischen Rundfunks zwei junge Männer. Der eine war unverkennbar nördlicher Herkunft, und also war es auch der andere. Weil in Bayern ein Norddeutscher nie lange allein bleibt. Und eben drum unterhielten sie sich darüber, wie der eine den anderen unterbringen könnte, im Rundfunk natürlich. »Producer, det wäre was für dich,« sagte der schon Etablierte. »Da haste mal recht,« entgegnete der zu Etablierende völlig überzeugt, nickte kräftig und fragte nach einer kurzen Pause: »Was macht'n der eigentlich?«

Womit die seit 1945 munter fortgeschrittene norddeutsche Besetzung bayerischer Positionen hinlänglich erklärt sein dürfte.

Und was ist ein Bayer oder bayerisch?

Nun, der oder das vielleicht:

Bei einem Metzger im Oberland waren wir schon gute zwei Jahre lang regelmäßige Kundschaft. Immer wieder sah er uns beim Einwickeln seiner vortrefflichen Erzeugnisse prüfend ins Auge. Und eines Tages dann rief er triumphierend: »Jetzt weiß i endlich, wer Sie san!« Er hatte es hintenherum erfahren und war stolz auf seine Findigkeit. Nur um Gottes Willen keine direkte Fragerei!

Womit hinlänglich erklärt sein dürfte, daß die Sage vom Parzival – der ob unterlassenen Fragens viel

Pech erlitt und am Ende trotzdem Gralskönig wurde –, daß dieser Parzival nur den Wolfram von Eschenbach, der sich selber frohlockend einen Bayern nannte, zum Dichter haben konnte.
Und schließlich: Am Münchner Viktualienmark untersuchte ein Mann mit klar asiatischen Gesichtszügen das Warenangebot einer Ganshandlerin, und keiner der präsentierten Bratvögel fand seinen Beifall. Da riß der Standlfrau die Geduld, und sie empfahl dem querulatorischen Kunden zornig: »Dann laß dir halt eine malen – Saupreiß, japanischer!«
Womit hinlänglich erklärt sein dürfte, daß in Bayern der Begriff des Preußischen durchaus nicht immer an eine bestimmte Landschaft gebunden ist, sondern beinahe schon kosmopolitische Züge angenommen hat.
Wie ja auch der Bavarian Look zum weltweiten Begriff geworden ist, während von einem Prussian Look vermutlich kaum jemals die wohlwollende Rede sein wird.
Weltweit? Das zu behaupten übernehmen andere für uns. So hat beispielsweise im Januar 1974 beim Neujahrsempfang in den Räumen des bayerischen Ministerpräsidenten der brasilianische Generalkonsul Dr. Mario Calabria als Doyen der in München akkreditierten rund sechzig konsularischen Vertretungen gesagt, er wolle seinen Dank an Bayern abstatten. »An Bayern,« so betonte wörtlich dieser international erfahrene Diplomat, »das uns allen einen gesunden und glücklichen Lebensrhythmus schenkt und einen Lebensgenuß, der nur in wenigen Ländern im gleichen Maß zu finden ist. Hier regiert

nicht die Monotonie, hier bleibt immer Spielraum für das Unberechenbare.«
Fein gesagt in unserem Namen, und trotzdem: Ein Bayer muß sich die Erklärung des Bayerischen doch etwas schwerer machen, damit ihm die Preußen leichter fallen. Und darum also:

Der Betrachtung vierter Teil
das ist
Liberalitas Bavariae

Wenn einer das Münchner Hofbräuhaus oder das Oktoberfest gesehen hat und meint, er wisse nun über Bayern Bescheid, der ist ebenso zu bedauern wie ein anderer Zeitgenosse, der nur das *Königlich Bayerische Amtsgericht* ferngesehen oder gelesen hat und glaubt, er habe nun den Schriftsteller – den bayerischen Schriftsteller – Georg Lohmeier kennengelernt. Denn beides ist so viel wie nichts. Hofbräuhaus, Oktoberfest und *Königlich Bayerisches Amtsgericht* machen das große Geschäft mit Bayerns Fassade, das Land selbst aber und seine Menschen sind viel mehrschichtiger, tiefgründiger und meinetwegen auch hinterkünftiger als der rasche und bloß zum vordergründigen Amüsement entschlossene Betrachter sich träumen läßt. So kennt auch diesen Lohmeier weit besser, wer sein Buch *Liberalitas Bavariae* gelesen hat, das ja bezeichnenderweise sehr viel weniger bekannt ist.

Als Vorspruch zu diesem Buch hat er geschrieben: »Liberalitas Bavariae – steht in ehernen Lettern über dem Portal der ehrwürdigen Stiftskirche der Augustiner-Chorherren zu Polling. An dem Satz wurde schon viel herumgerätselt. Ist die Freiheit Bayerns damit gemeint oder bloß die bayerische Freigebigkeit, eingedenk jenes anderen Sprichwortes, daß in Bayern noch niemand verhungert ist? Ist eine besondere liberale Gesinnung apostrophiert oder heißt es: Der Geist weht, wo er will – auch bei den Bayern? – An der Fassade eines fürstlichen Schlosses gäbe die Sentenz ihr Geheimnis viel eher preis. Aber ausgerechnet über der Kirche eines bayerischen Stiftes verklärt sich das Wort zu einem dunklen Programm. Liberalitas ist aber kein dunkles Wort, sondern ein überaus lichtes, ein freundliches, denn es heißt wörtlich: Die Freundlichkeit, die gütige ideale Gesinnung eines Menschen.«

Soweit Georg Lohmeier, und er selbst sagt ja, daß an diesem Wort schon viel herumgerätselt wurde, an dieser Liberalitas Bavariae. Doch immerhin, der Spruch steht über einem Tor, über diesem Pollinger Portal zu einer Lektion über bayerisches Wesen, voll von barocker Fröhlichkeit und weltabgewandtem Sinnieren, und vielleicht ist dieses Wort über dem Tor der Schlüssel zu alledem – gleich einem Sperreisen am Zauberberg – und es bedarf eines ernsthaften und sorgsamen Umgangs damit, um in den inneren bayerischen Bereich nicht einzubrechen, sondern einzutreten. Vor allem aber: Der Schlüssel muß im Schloß dreimal umgedreht werden, und Lohmeier nennt ja die drei Umdrehungen:

Die Freiheit Bayerns – die bayerische Freigebigkeit – und als dritte die besondere liberale Gesinnung.
Nun, drehen wir den Schlüssel zum erstenmal um: die Freiheit Bayerns? Da gibt es einen alten Witz, den ich schon in meiner Kinderzeit hörte: Ein bayerischer Landsmann wird in Rom von der Vatikanischen Verwaltung als Kammerdiener eingestellt, und er bekommt unter anderem den Auftrag, jeden Morgen seinen hohen Dienstherrn mit den Worten zu wecken: »Euere Heiligkeit, es ist sechs Uhr und die Sonne scheint!« – Das tat er pflichtgemäß einige Wochen lang, und jedesmal antwortete ihm der Papst aus seinen Gemächern: »Mein Sohn, Wir danken Dir – Wir und der Heilige Geist wissen es schon!« – Aber das wurmt schön langsam den Bayern und eines morgens weckt er wieder: »Euere Heiligkeit, es ist sechs Uhr und die Sonne scheint!« Der Papst: »Mein Sohn, Wir danken Dir – Wir und der Heilige Geist wissen es schon!« Worauf der bayerische Kammerdiener triumphierend schmettert: »Gar nix wißt's – siebne is' und regna tuat's!«
Ja, in diesem alten Witz ist ein Stück bayerischer Psyche enthalten, eine kurze Demonstration des bayerischen Willens zur Freiheit, zur persönlichen Freiheit zunächst: Dieser Mensch will sich nicht einem inhaltslosen Zwang unterordnen, einer Vorschrift nur um der Vorschrift willen, deren Sinn ihm unverständlich ist. Sicher, er spielt eine Weile mit, aber dann bricht er aus, er hat genug, und er tut es nicht mit Gewalt, sondern auf eine fast hinterkünftige Weise – doch bereits mit der leisen Warnung freilich, daß er auch gröbere Seiten aufziehen könnte.

Und das Mittun: Die Bayern wachen fast immer spät auf – aber so gut wie niemals zu spät –, das gilt auch politisch.
Nun, diese Abneigung gegen ein zweckloses Gebot – gekennzeichnet durch die bodenständige Formel »Des hat koan Taug it!« –, sie zog sich hier durch alle Volksschichten: Vom Aufbegehren der Landstände und bürgerlichen Zünfte gegen herzogliche oder magistratische Verordnungen, die keinen Taug hatten – bis hin zur fürstlichen und später königlichen Familie selbst, die sich kaum jemals in das Stangenkorsett ausgeklügelter höfischer Verhaltensvorschriften zwängen ließ. So wäre die Einführung des spanischen oder vielmehr burgundischen Hofzeremoniells in Bayern schwerlich denkbar gewesen – dort, wo schon im Mittelalter die Landschaftsversammlung dem Herzog ungestraft ganz gehörig die Meinung sagen konnte, wo die Könige dann mit den Bürgern auf der Schranne plauschten, Künstler im Atelier besuchten oder mit Gelehrten bürgerlicher Herkunft am gemeinsamen Tisch abends ein Mahl genossen, das wir heute schlicht eine Brotzeit nennen.
Diesem Hang zur persönlichen Freiheit entspricht hierzulande auch die Pflege des Militärischen. Gewiß, es gab in Bayern ebenso wie anderwärts Kasernenhofdrill, doch nur immer jeweils über kurze Abschnitte der Landesgeschichte hin. So war etwa unter Kurfürst Maximilian I. die kurbayerische Artillerie berühmt, und die nach französischem Vorbild organisierte Armee des Königs Max genoß erhebliches Ansehen – meist aber war das Militär ein

Stiefkind des weißblauen Staatshaushalts. Man scheute sich geradezu, den persönlichen Zwang aus Steuergeldern zu finanzieren, besonders und sofort jeweils dann, wenn dieser Aufwand als unnötig erschien. Das war beispielsweise am deutlichsten der Fall, als in den friedlichen fünfzig Jahren des Deutschen Bundes weitum kein wirklicher Feind erkennbar wurde und König Ludwig I. mit bayerischem Geld lieber die Künste und sein Nachfolger Maximilian II. die Wissenschaft finanzierte als eine für unnötig gehaltene Rüstung.
Freilich, das hat sich 1866 dann als ein vielleicht für ganz Europa folgenschwerer Irrtum erwiesen, wobei allerdings niemand ahnen konnte, daß der eigentliche Feind und Zerstörer des Deutschen Bundes aus Deutschland selbst erwachsen sollte. Immerhin aber ein Kapitel Geschichte, das gerade heute wieder inmitten einer ähnlichen Euphorie des Nachdenkens wert wäre.
Es könnten ja wiederum Deutsche sein – wer weiß?
Doch jedenfalls, auch nach dieser damaligen Erfahrung durfte die militärische Unterordnung in Bayern keinen Stellenwert beanspruchen, der ihr den Rang einer Lebensauffassung verliehen hätte.
Die Unterordnung schon kein Lebensprinzip darum, weil sie dem Volkscharakter widerspräche. Was Wunder dann, wenn sich diese Haltung des Einzelnen auch im Staat widerspiegelt, der diese Einzelnen umfaßt – daß die so quasi gebündelte Lebensart zum politischen Willen wird, auch an der Freiheit des Landes, am Freistaat Bayern festzuhalten?
Ich weiß, wenn heute davon die Rede ist, so breitet

sich gerne ein Lächeln aus, vom amüsierten bis zum resignierten Lächeln. Wer aber jenseits von Lederhosen und Jodlerschmalz den Bayern als Einzelwesen einigermaßen kennt – das gilt für Baiern ebenso wie für Franken und Schwaben –, der ist auch gewiß, daß dieses eine Lächeln wohl niemals in Triumph und das andere nicht in Verzweiflung umschlagen wird – ganz einfach darum, weil es wiederum dem Volkscharakter widerspräche, den Freistaat völlig und für immer aufzugeben.

Denn auch hier in der Gesamtheit zeigt sich abermals die Abneigung gegen den inhaltslosen Zwang, gegen die überflüssige Unterordnung. So hat sich dieses Bayern im Grunde nie der wirklich deutschen Sache verweigert, weder einem Deutschen Reich noch einem Deutschen Bund – Bayern war immer da, wenn es für Deutschland gebraucht wurde, und im Ernstfall zählten die Bayern sogar zu den besten Soldaten – ob in der Schlacht auf dem Lechfeld, ob in den Türkenkriegen, ob anno 1870 oder 1914. Und noch 1866 als Mitglieder einer vernachlässigten Armee waren diese bayerischen Soldaten so, daß ein preußischer Oberbefehlshaber anerkennen mußte: »Die Bayern haben wie die Löwen gekämpft!« – Schließlich war es auch damals um die wirklich deutsche Sache gegangen, wahrscheinlich sogar mehr als in anderen Jahren früher oder später.

Darüber hinaus aber will der Bayer als Mensch und als Staat seine Sache so weit wie möglich selbst richten, und er hat kein Verständnis dafür, daß ihm aus zentralistischer Prinzipientreue oder Scheinheiligkeit die Sorge für Dinge abgenommen wird, die er gerade so gut oder meist noch besser in eigener Regie bewältigen kann. Er sieht keinen Sinn darin, daß ein sieben- oder achthundert Kilometer weit entferntes Ministerium am Rhein bestimmen soll, welcher Ort im bayerischen Grenzland gefördert, wo eine Hochschule gebaut, wo ein Krankenhaus errichtet, eine Fernstraße verlängert wird, wo neue Arbeitsplätze geschaffen, wie Landschaftspflege, Waldnutzung und Naturschutz betrieben werden – solange er das mit eigenem Sachverstand meistern kann. Und er sieht noch weniger Sinn darin, wenn das alles mit Zuschüssen aus Geldern geschieht, die im Lande selbst erwirtschaftet und an die Bonner Kasse abgeliefert wurden, um von dort als Dotationen wiederzukehren. Er ahnt unterbewußt, daß mit Bayern vergleichbare, aber souveräne Staaten diese Probleme eigenständig und sogar vorbildlich lösen, weil sie keinen kostspieligen Zentralapparat finanzieren müssen – denn andernfalls wären diese Staaten und nicht wie tatsächlich die zentralisierten Staatsgebilde die Sorgenkinder Europas. So haben es über hundert Jahre Zentralismus in Italien etwa bis heute nicht fertiggebracht, das Elend im Süden des Landes zu beheben. Die italienischen Stadtstaaten waren wohl zerstritten, aber sie begründeten immerhin über Jahrhunderte hinweg den geschichtsberühmten kulturellen Ruf dieser Region Europas. Unterordnung ohne Inhalt ist eben sinnlos und gerade darum lebt der Bayer in Abwehr gegen sie, läßt ihn festhalten an der Freiheit Bayerns.

Diese bayerische Einstellung hat viel mit einem Begriff zu tun, der unter dem akademischen Stichwort Subsidiaritätsprinzip in der politischen oder auch staatsphilosophischen Fachsprache verzeichnet ist. Mit anderen Worten: Was einer aus eigener Kraft schaffen kann, das möge man ihn auch schaffen lassen, und die Hilfe eines übergeordneten Kreises soll ihm nur dann zuteil werden, wenn seine Kraft allein zur Lösung einer Aufgabe nicht ausreicht. Oder auch: Die Hilfe von oben soll eine anrufbare Möglichkeit bleiben und nicht zur ungefragten Bevormundung werden, die jeden Spielraum persönlichen Handelns überdeckt und die Eigeninitiative abwürgt.

Damit steckt auch in christlicher Caritas ein Stück Bayern, ein Teil von dieser Liberalitas Bavariae. Denn ihre Gesinnung ist nicht zuletzt eine Gesinnung der Hilfe, ein Denken aber auch in den Kategorien der Subsidiarität, was heißen will: Caritas wünscht sich die Hilfe für den Menschen nicht als eine alles umfassende Organisation der Öffentlichen Hände, sie will auch der Hilfe noch einen Raum der Freiheit wahren, der die freie Wahl des Helfens, die freie Wahl des Ziels der Hilfe gewährt: Weil zentral organisierte Hilfe nicht immer Gerechtigkeit verbürgt und sie manchmal, ja gar nicht selten gerade dort vermissen läßt, wo sie am nötigsten wäre. Und weiter: Auch die echte Caritas macht nicht viel Aufhebens davon.

Das aber ist wiederum ein Teil bayerischer Lebensart, ein Teil, der im staatspolitischen Bereich mitunter freilich zum Nachteil werden kann. Denn unsere Welt ist nicht erst seit Werbefunk und Werbefernsehen auf Reklame programmiert, und Bayern hat es noch nie so recht verstanden, für sich – vom Fremdenverkehr natürlich abgesehen – Reklame zu machen.

Ein paar Beispiele:
Der Dreißigjährige Krieg etwa gilt in allen Geschichtsbüchern als Religionskrieg, mit Bayern an der Spitze der katholischen Liga. Daß Bayern aber nicht zuletzt zur Rettung des deutschen Kaisertums angetreten war – wer weiß es schon? – Daß Bayern an vorderster Stelle stand, um das gleiche Kaisertum vor der Türkengefahr zu retten – es ist so sehr vergessen, daß sogar der verewigte Bundespräsident Theodor Heuss in einer Gedenkrede den Kurfürsten von Brandenburg als Retter des Abendlandes vor der Türkennot feiern konnte, was einen puren Geschichtsirrtum darstellt. – Wir lächeln dann selber schon eifrig mit über König Ludwigs Begeisterung für Griechenland und Lola Montez – und lassen das Schweigen darüber zu, daß er für die ganze Welt Griechenlands antike Kultur – die Wiege *unserer* Kultur – vom Barbarenschutt jahrhundertelanger Türkenherrschaft befreite.
Oder die jüngste Zeit: Bayern wird mit anödender Monotonie als Schlußlicht verleumdet. Wer aber weiß schon oder noch, daß Bayern als erstes Land unserer Bundesrepublik die Schluckimpfung gegen die grauenvolle Kinderlähmung einführte – das System der Ringkanalisation zur Reinerhaltung seiner Seen entwickelte, inzwischen zum internationalen Studienobjekt geworden –, daß Bayern den ersten deutschen Atomforschungsreaktor und das erste Kernversuchskraftwerk baute – mit seinem Begabtenförderungsgesetz schon 1966 den Rechtsanspruch auf Ausbildungsbeihilfe geschaffen hat – in einer Münchner Klinik 1970 die größte gynäkologi-

sche Strahlungsabteilung der Welt und 1974 das erste Herzzentrum Europas eröffnet wurde – die bayerische Landeshauptstadt die höchste deutsche Buchtitelproduktion aufzuweisen hat und die bayerische Staatsbibliothek nach Umfang und Bedeutung die größte Bibliothek Deutschlands ist? – Ja, wer weiß davon und noch von vielen anderen Tatsachen? Sicher, es gibt offizielle Verlautbarungen mit Auskünften darüber – doch zum Einprägen solcher Tatsachen ins deutsche Gemüt fehlen hierzulande Lust und Wille des Einzelnen, dafür gewissermaßen Mundpropaganda zu machen. So kam es auch nie zu einem bayerischen König, der Ludwig der Große geheißen hätte – obwohl er nicht nur für sein eigenes Land höchstvermutlich sehr viel mehr geleistet hat als sein nördlicher Kollege Friedrich der Große.
Denn für gewöhnlich stellt der Bayer sein und seines Landes Licht unter den Scheffel, und es bleibt ihm dabei nur der Trost, daß ein unter den Scheffel gestelltes Licht nicht so leicht ausgeblasen werden kann. Was für den Kummer über dieses Stück bayerischer Lebensart gar keinen so spärlichen Trost bedeutet, weil immerhin das bayerische Lebenslicht beinahe eineinhalbtausend Jahre lang nicht gelöscht werden konnte.
Drehen wir den Schlüssel zum zweitenmal im Schloß, und Lohmeiers zweite Deutung der Liberalitas Bavariae wird sichtbar: die bayerische Freigebigkeit, und Lohmeier führt dazu die Redensart an, daß in Bayern noch niemand verhungert ist.
Freilich, das stimmt – es stimmt aber auch für den Satz, daß der Mensch nicht vom Brot allein lebt, und

hängt eng zusammen damit, daß Bayern – im Gegensatz zum öfters angezweifelten Freistaat – einigermaßen unbestritten als Kulturstaat gilt. Das beginnt bei Herzog Wilhelm V. seines Namens, dessen Hof internationaler Treff- und Sammelpunkt von Künstlern aus dem ganzen Abendland war – das erzählt vom Wetteifer der Städte um die Entfaltung allen Glanzes, den das Kunsthandwerk zu bieten vermochte – damit rauscht nach jenem Dreißigjährigen Krieg die prachtschimmernde Woge des Barock bis in die kleinsten Dörfer hinaus – das führt über die Kunstbegeisterung der bayerischen Könige bis hin zu Thomas Manns berühmtem Wort, das Bayerns Hauptstadt leuchten ließ. Und all das wäre nicht möglich gewesen ohne die bayerische Freigebigkeit der Fürsten, aber auch schier des letzten Bürgers für die schönen Dinge dieser Welt. Und was damit geschaffen wurde, ragt noch in unsere Zeit herein als Hoffnung, daß die darin entfalteten Kräfte heute nicht gestorben sein, sondern nur den einer Renaissance vorausgehenden Schlummer schlafen möchten.

Die Hoffnung aber wäre vergebens, wenn man sich in Bayern nur als Provinz und nicht als eigenständige, auch politisch noch in etwa eigenständige Kraft im gemeinsamen deutschen Raum fühlen wollte und könnte. Denn die Provinz ist eine Verwaltungseinheit, sie unterliegt dem von außen her auf sie angewandten Recht einer übergeordneten Macht und damit – auch wenn sie materiell florieren sollte – einer Vergammelung ihrer schöpferischen Kräfte. Es gilt, die Eigenwertigkeit dieses Landes zu erhalten, Bayern zu bewahren vor dem Schicksal einer Provinz mit auch kulturell gebrochenem Rückgrat. Und es kommt nicht von ungefähr, daß sich Deutschland so ziemlich alles, was an seinem Namen geachtet, verehrt, geliebt und nicht gefürchtet war, in einer Zeit erworben hat, da noch niemand auf den Gedanken kam, die deutschen Länder könnten Provinzen sein. Und es ist seltsam, daß über eine Zeit vor vielen hundert Jahren – als Bayern auf Betreiben Karls des Großen tatsächlich Provinz geworden war –, daß über dieses bis dahin auch in kultureller Blüte gestandene Land die Geschichtsquellen dann von kultureller Leistung lange nichts mehr vermelden.

Wir wünschen uns die Kultur als mächtigen, das Land ringsum nährenden Strom. Ein Strom aber entsteht niemals aus einer einzigen Quelle, und wenn er auf sie beschränkt wird, bleibt er ein bald versiegendes Wasser. Soll er fließen und strömen, so muß er aus einer Vielfalt von Flüssen gespeist werden. Provinzen aber sind weder Quelle noch Fluß, sondern eingedämmte Altwasser ohne eigene Bewegung. Und Provinzen schafft eben nur der zentralisierte, nivellierte Einheitsstaat. Wo aber kein Gefälle ist, entsteht auf die Dauer Steppe oder Sumpf. Und ich kann mir nicht vorstellen, wie wir mit so viel programmierter Verödung die Zukunft bewältigen wollen, ohne ins Primitive zurückzuverblöden. Denn Monokultur verdirbt auf Dauer jeden Boden, verödet Land und Leute. Und als Hüter einer aus Provinzen stammenden Kultur glichen wir Gärtnern, die lediglich Schnittblumen in Vasen hegen – und die mögen noch so schön oder frisch sein: Sie verwelken ohne Wiederkehr. Was aber Wurzeln im lebendigen

Erdreich hat, im Humus eines gelebten und erlebten Staates – nun ja, eben eines Freistaates etwa – nur das trägt Jahr um Jahr Blüten und Früchte.

Doch leider: Die Gärtner mit weißblauer Schürze pflegen auch die Wurzeln nicht immer mit der gebotenen Sorgfalt. Und genau das ist die andere Seite der bayerischen Freigebigkeit, und hier trifft sie zusammen mit der dritten Umdrehung unseres Schlüssels, der nun die von Lohmeier vermutete besondere liberale Gesinnung aufschließt.

Was nämlich Friedrich dem Großen zugeschrieben wurde – daß in Preußen jeder nach seiner Façon selig werden könne – das war und ist noch immer in Bayern unprogrammierte Wirklichkeit. Wäre es anders, dann hätte dieses Land schon wiederholt Explosionen einheimischen Unmutes zu verzeichnen gehabt. So hat Bayern nach Kriegsende den größten Anteil der in den Westen vertriebenen Deutschen verkraftet – in diesem Lande fühlen sich jedes Jahr von neuem viele tausend Menschen wohl, die hier nicht geboren wurden – an unseren Hochschulen studieren dreizehntausend außerbayerische Studenten, und nur knapp fünftausend Einheimische besuchen Hochschulen jenseits unserer Landesgrenzen – und freilich: Darüber wurde und wird mancherlei gegrantelt – aber die Anziehungskraft des Landes und dieses Sichwohlfühlen der Angezogenen oder seinerzeit Hereingezwungenen wäre undenkbar ohne die besondere liberale Gesinnung des bayerischen Menschen, ohne den landestypischen Grant, der ja regelmäßig doch in die Formel ausläuft: »Geh, lassn halt – geh, des kann ma do net!«

Und diese Formel steht auch auf der Kehrseite unserer bayerischen Freigebigkeit und besonderen liberalen Gesinnung. Bayern ist wohl widerwillig, aber letzten Endes nur grantig, mit seinen Rechten freigebig und liberal beim Erdulden ihrer Wegnahme, ja: Sehr oft wäre als Wappenzeichen Bayerns weniger der bekannte Löwe, als vielmehr die geballte Faust in der Tasche angebracht. Da hat es Bayern doch hingenommen, daß ihm 1871 seine Souveränität aberkannt wurde als eigentlich perfider Lohn dafür, daß der Siebzigerkrieg wohl nur mit seiner Hilfe zu gewinnen war – da ist Bayern 1918 mit einem Minimum an eigenem Verschulden in den Zusammenbruch der Reichspolitik hineingeraten und hat der Weimarer Republik dann noch mehr seiner Rechte geopfert – da hatte Bayern vor 1933 noch in der letzten freien Wahl anders als anderwärts in Deutschland gewählt und wurde trotzdem gleichgeschaltet – da war es 1945 in den zweiten Reichszusammenbruch geraten und erschien gleichwohl wenig später als Wegbereiter deutschen Zusammenschlusses – da hat es einunddreißig Änderungen des Grundgesetzes geduldet, die so viele seiner wiedergewonnenen Rechte kassierten – da wählt es 1972 abermals anders als im Bundesdurchschnitt und nimmt dennoch eine Politik hin, die nicht seine Politik ist – und all das freilich mit Murren, mit Grant –, aber letzten Endes eben doch.

Nun, das fügt sich insgesamt zu der historischen Feststellung, daß Bayern eigentlich niemals um seine Freiheit so recht gekämpft hat, nicht mit Zähnen und Klauen, meine ich – und mündet in die Tatsache, daß

Bayern dennoch seine Liberalitas Bavariae bewahren konnte. Es muß wohl etwas dran sein an diesem dreifachen Schlüsselwort und es gibt auch vermutlich keine andere Methode als die bayerische, seine Geltung zu erhalten. Denn als Merksatz dürfen wir notieren:
Die Verteidigung dieser Liberalitas ist deshalb so schwierig, weil man zu ihrer Verteidigung ebendieselbe Liberalitas aufgeben müßte – dann aber wäre Bayern ist kein Bayern mehr.
Georg Lohmeier endlich gießt den dreifachen Schlüssel in einen Hauptschlüssel um und sagt: »Wörtlich heißt Liberalitas die Freundlichkeit, die gütige, ideale Gesinnung eines Menschen.«
Mit solchem Rezept, mit solchem Programm indessen ist Bayern sehr alt geworden und jung geblieben: Es ist heute der älteste Staat Europas, nicht unberührt, aber unzerstört von aller Gewalt, die seit eineinhalb tausend Jahren unsere Welt verändert hat. Weil genau gesehen und von der Geschichte bewiesen das Leben dieser Welt ja doch nur an einem Faden hängt – am Geduldsfaden der Gütigen und nicht am Strick derer, die so gerne und immer zu früh sagen: Wenn alle Stricke reißen – –!
Da fällt mir grad noch ein: Sollte in einem Gespräch mit nördlichen Bundesbrüdern im Zuge steigender Erbitterung endlich der landläufige Ausdruck »Saupreiß« fallen, dann versichern Sie – ehe es zu Handgreiflichkeiten kommt –, daß dieses Wort hierzulande ebensowenig als Beleidigung gelte wie die poetisch geadelte Grußformel des Götz von Berlichingen. Bevor sich aber der Partner zu sehr beruhigt, setzen

Sie noch als Nachbrenner darauf, daß natürlich an solchen Titulaturen schon immer etwas Wahres dran sei, denn von nichts komme ja nichts. Und wenn er dann wieder hochgeht und vielleicht mit einem »doofen Bayern« kontert, so sagen Sie zum Trost ganz einfach: Ja, da sei auch etwas dran.

Nutzen Sie aber sofort den Überraschungseffekt dieser friedfertigen Antwort durch einen Hinweis auf die eben abgehandelte Betrachtung, die unter anderem auch manch wertvollen Fingerzeig dafür bietet, daß ein gewisses Quantum bayerischer Doofheit durchaus und schier sicher vermutet werden darf. Als Beispiel führe man die starke Frequentierung weißblauer Hochschulen von seiten der außerbayerischen studierenden Jugend und die Schafsgeduld an, mit welcher die hiesigen Steuerzahler diesen akademischen Zuzug finanzieren – pro Kopf und Studienjahr ca. 15 000,– DM, obwohl ein Bundestagsabgeordneter rheinischen Gemütes Bayern als kulturellen Hinterhof bezeichnet hat.

Sollten Sie schließlich mit solcher Gesprächswendung auf den Gesichtszügen Ihres Partners ein sattes Lächeln hervorgezaubert haben, so erwähnen Sie beiläufig, daß damit eigentlich die Frage anklinge, wer nun wirklich die Dooferen seien. Wäre nämlich das bayerische Hochschulwesen in der Tat minderwertig und offenbar trotzdem für Tausende von außerbayerischen Studenten gut genug, dann werfe das kein günstiges Licht auf den Intelligenzquotienten ebenderselben. Wenn aber im Gegenteil diese Studenten doch besonders intelligent seien, dann wäre darüber nachzudenken, warum sie in so großer Zahl gerade

nach Bayern kämen? Möglicherweise – dieser Schluß liege in greifbarer Nähe –, weil die Hochschulen hier weniger doof sein könnten als zu Hause.
Es wäre nun keineswegs ausgeschlossen, daß mittlerweile unser Partner über alledem in Resignation verfallen ist und voll Bitterkeit das Fragezeichen setzt, wie denn potz Bismarck und Wilhelm die Sache zwischen Preußen und Bayern so feindlich gediehen sei? Dann ist es Zeit für

Der Betrachtung fünfter Teil
das ist
Feindliche Brüder und freundliche Feinde

Sie beginnt mit einer Erinnerung an das Münchner Oktoberfest, woselbst uns die Preußen helfen, das Bier auszutrinken und somit erheblich beteiligt sind an der statistischen Halbwahrheit, daß die Bayern die stärksten Biertrinker seien. Woraus man aber mitnichten den falschen Schluß ziehen sollte, daß wir Bayern die Preußen auch sonst unbedingt nötig hätten.
Während nun zu Beginn des neunzehnten Jahrhunderts noch in mancher bayerischen Wohnstube zwischen dem Hl. Florian und St. Leonhard ein Bildl vom Alten Fritz gehangen hat als Schutzpatron gegen die österreichischen Hagelschläge, fing unser Unglück dann damit an, daß sich Bismarck zu wenig

und schließlich zu spät für den Erwerb von Kolonien interessierte. So konnte sich das preußische Kolonialtalent in Afrika nicht hinreichend abreagieren und nach 1918 überhaupt nimmer. Weil es aber die Preußen, einem dunklen deutschen Drange folgend, trotzdem nach Süden zog, wurde Bayern zum Kolonisierungsgebiet erklärt – wohl infolge des Mißverständnisses, daß auch hier genug Schwarze anzutreffen seien. Dieser Irrtum wurde später noch verstärkt durch den Farbkontrast der vielen weißen Westen, die nach der braunen Katastrophe seit 1945 ins Bayerische wechselten, weil eben Persil 45 und nicht etwa Persil 70 das beste Persil war, das es je gegeben hat.

Als nun die Kolonisatoren im Laufe der Jahre widerwillig zur Kenntnis nehmen mußten, daß auch die Bayern mit der Wasserspülung und sonstigen Errungenschaften der Neuzeit durchaus schon vertraut waren, wollte man unser Land wenigstens missionieren und ihm den rechten Glauben an Deutschland beibringen. Unsere wiederholte Versicherung, wir hätten ihn bereits und würden lediglich das Kanonische Recht nicht von Kanone, sondern von Kanon ableiten – diese Versicherung wurde nicht ernstgenommen. Dabei sind wir Bayern die besten Deutschen, so lange uns keiner zu besseren Deutschen machen will. Doch inzwischen haben sich unsere Missionare auf den Handel verlegt, und bei diesem Wandel geht es friedlicher zu, weil wir uns fast alles bieten lassen, was uns genommen wird.

Da fällt mir grad noch ein:

Missionare sind ja im langen Zug der Geschichte

immer wieder mißhandelt oder zumindest angefeindet worden. Vor allem dann, wenn sie mit der Attitüde auftraten, ach so arme Heiden nur als Knechte einer importierten Erleuchtung zu drillen und nicht etwa als gleichberechtigte Teilhaber einer schließlich gemeinsamen Erkenntnis zu achten.
Solch arme Heiden finden sich ebenso häufig in der Politik. Und für die preußischen Missionare gehörten wir Bayern dazu. Womit nicht gesagt sein soll, daß diese Sendboten eine Erleuchtung zu bringen gehabt hätten. Sie trafen vielmehr auf ein still zufriedenes Volk, das bescheidenes Genügen fand an seiner durch Jahrhunderte geübten Lebensart, das keine Angriffskriege führte, niemanden unterjochen wollte und eine Zumutung darin erblickte, sich allmählich quasi dafür entschuldigen zu müssen, daß es bayerisch war. Warum sollte man auch gut preußisch werden, wenn bayerisch besser war?
So erklärt sich folgendes: Von den Österreichern hatten die Bayern im Lauf ihrer Geschichte vielerlei Unbill zu erdulden, wie 's halt so geht, wenn ins Kraut geschossene Söhne die Eltern drangsalieren – denn schließlich war ja so ziemlich ganz Österreich ein in uralten Zeiten von den Bayern ersiedeltes und lange gegen den Sturm aus Osten verteidigtes Gebiet. Immerhin zählte ja für etliche hundert Jahre die Pfarrei Wien zu den Pfarreien des Bistums Passau. Die Österreicher also verübten in Bayern mancherlei Drangsal, fielen beispielsweise um die Wende zum achtzehnten Jahrhundert ins Land, vertrieben den angestammten Fürsten, schossen in der Sendlinger Mordweihnacht von 1705 trotz verheißenen Par-

dons die Oberlandler Bauern zusammen – kamen um die Mitte des achtzehnten Jahrhunderts wieder, hausten gar grausam mit den wilden Hilfsvölkern der Allerchristlichsten Kaiserin Maria Theresia – und kein Ende war mit den Versuchen, Bayern für Österreich überhaupt gänzlich zu kassieren.

Trotzdem ist von all der Bitternis kaum etwas geblieben; der Österreicher ist eben für den Bayern ein wahrhaftig Blutsverwandter, und was schlecht gewesen war, das schob man auf dynastische Fürstenhändel ab oder auf die Streitereien, wie sie unter Verwandten gar nicht selten sind. Aber im Grunde war man sich nicht allzu feind, es gab ja auch nichts zu missionieren hier, weil doch der echte Österreicher grad so fühlt, denkt, spricht und lebt wie jeder Bayer schon immer.

Von Preußen dagegen ist Bayern die längste Zeit kein handgreifliches Unglück widerfahren. Als gewaffnete Feinde standen sie erst und nur 1866 im Lande, kein Brand und Mord, keine erpresserische Besetzung, kein vertriebener Landesfürst – und gleichwohl:

Preußen und Bayern mögen sich nicht – weniger außerhalb des Landes, da kommt es gelegentlich sogar zur Hochachtung voreinander –, aber auf dem eigenen Grund und Boden beherrscht den Bayern eine tiefgründige Abneigung gegen das Preußische schlechthin. Er kann es oft selber kaum erklären, besonders dann, wenn er es nie erfahren oder schon wieder vergessen hat, wie sehr die Politik der vergangenen gut hundert Jahre vom Norden her das bayerische Staatsgebilde in eine großpreußische

Liegenschaft zu verwandeln suchte – wie sich zuvor schon Jahrhundert nach Jahrhundert immer wieder dieses eigenständige, aber durch sein »Leben und leben lassen« rundum friedfertige »mir san mir« gegen das ausgreifende »so und nicht anders« wehren mußte.

Doch er spürt es, der Bayer, auch ohne Geschichtsstudium und Aktenkunde, daß er durch ein stetes Übergreifen herandrängender Kräfte aus seiner Art verdrängt werden soll – durch Kräfte, die von dieser Art nichts annehmen und ihm alles abnehmen –, daß er zum Askari wird, missioniert von Missionaren, die mit dem feinsinnigen Charme preußischer Korporäle eingeborenen Hilfstruppen die Kommandosprache einexerzieren.

Und keiner hat die Urgründe dieser Abneigung besser und kürzer formuliert als Walter von Cube, der einmal sagte: »Ein Norddeutscher weiß alles – und was er nicht weiß, das weiß er besser!«

Und ein Preuße mag in Bayern so viel Boden und Raum besitzen wie er nur kann – er wird hier bestenfalls lediglich angesiedelt sein, in der Einwohnerkartei verzeichnet. Und er braucht keine Mark zu investieren, bloß ein ernsthaftes Kopfnicken zum Eigenstand bayerischer Selbstbehauptung – und er wird hier beheimatet sein, nicht registriert, sondern aufgenommen.

Aber daß ich weiter verzähl:

Unter den Arkaden des Hofgartens zu München sind noch einige Freskobilder erhalten, die besondere Ereignisse der bayerischen Geschichte farbenprächtig schildern. Bei einem dieser Bilder steht die martialische Kunde verzeichnet: »Der Cöllnischen Burg Godesberg Erstürmung durch die Bayern im Jahre 1583.« Und Godesberg liegt bekanntlich sehr nahe bei Bonn.

Wie nun die Bayern seinerzeit so kriegerisch an den Rhein gelangten, dazu vermerkt ein altes Geschichtsbuch die folgende Ursach: »Der Erzbischof Gebhard Truchsess von Waldburg, Kurfürst von Cölln, heiratete 1583 die Gräfin Agnes von Mansfeld. Er wurde ob solcher Tat vom Kaiser in die Reichsacht und vom Papst in den Bann getan, worauf das Cöllner Domkapitel am 23. Mai 1583 den Bischof Ernst von Freising, Hildesheim und Lüttich – den jüngsten Bruder des Herzogs Wilhelm von Bayern – zum Erzbischof wählte. Gebhardt hingegen versuchte sich mit Gewalt in Cölln zu behaupten.«

Nun war besagter Herzog Wilhelm – er wurde der Fünfte seines Namens geheißen –, war dieser Herzog Wilhelm von Bayern nicht ausschließlich den Künsten ergeben, wie die Historie berichtet. Denn er sandte unter dem Befehl seines Bruders Ferdinand dreitausend Mann zu Fuß und eintausend Reiter an den Rhein und am 17. Dezember 1583 erstürmten sie Gebhards Feste Godesberg. Ende Januar 1584 hat auch Bonn sich den Bayern ergeben.

Da waren die gereizten Bayern auch wieder nicht Eroberer, sondern nur gleichsam Hilfsorgan der Reichsanwaltschaft.

Ja, das war also vor nahezu vierhundert Jahren und seitdem hat sich Bonn den Bayern bekanntlich nicht wieder ergeben. Freilich, eingezogen sind sie hier wohl abermals, doch nicht als Streiter im Kampf um einen Bischofssitz, sondern als Combattanten im Ringen um Abgeordnetensitze und Ministersessel. Und seit anno dazumal hat auch kein bayerisches Schwert mehr in Bonn geklirrt, was ja der bayerischen Tradition entsprach – seiner besten Tradition. Denn so etwa nach dem Tode Kaiser Ludwigs des Bayern schon – 1347 – war der bis dahin keineswegs utopische Traum von einer Großmacht Bayern ziemlich ausgeträumt, das Land begann seine kultivierenden Kraftlinien neu zu ordnen und wuchs in die Rolle eines Kulturstaates hinein. So kam es unter dem schon bemeldeten Herzog Wilhelm zum erstenmal, daß München als eine der Metropolen europäischer Kunst gegolten hat.

In der Tat: Der Strom kulturellen Handelns versiegte nicht, die Herrscher Bayerns waren Fürsten und Könige der Künste und Wissenschaften bis in die letzten Jahre der bayerischen Monarchie.

Und heute? Man sollte das Thema Kultur nicht allein über den erhobenen Zeigefinger der Schulpolitiker anvisieren. Denn ich sage: Freuet euch! Heute nämlich ist das Wort BAVARICA wieder zu einem Begriff der Kultur, einem Fachbegriff der Literatur geworden, für Autoren, Verleger und Buchhandel. Daran erweist sich zum einen das tief gegründete und darum offenbar unzerstörbare Stehvermögen bayerischer Eigenart – politisch und kulturell –, weil es nun einmal eine Tatsache ist, daß als Gegenstück zu BAVARICA eine Literaturgattung BORUSSICA nicht existiert. Weil des weiteren Verleger und Buchhändler im allgemeinen keine Sozialfürsorger sind und dennoch Erzeugnisse der Spezies Bavarica Kata-

loge und Schaufenster füllen, so darf daraus geschlossen werden, daß der merkantile Umgang mit diesen weißblau eingefärbten Produkten nicht gerade defizitär ist.
Daran jedoch erweist sich zum anderen: Wie ehedem so ist auch heute das kulturelle Tun in Bayern durchaus kein schöpferisches Wirken, das sich nur in stillen Poetenstuben abspielt – es war und ist vielmehr ein breit dahinströmendes Handeln, ist ausgesandtes Licht und reflektierendes Leuchten.
Und ist Preußen etwa kein Kulturstaat?
Auch ein Bayer darf und soll die Behauptung wagen, daß im echt Preußischen nicht weniger Kulturkräfte wirken als im bayerischen Wesen – starke Kräfte sogar, wenn auch nicht unbedingt barocke. Und was wäre Preußen für Deutschland, für Europa gewesen, wenn es getrachtet hätte, nicht andere, sondern vorher sich selbst zu überwinden! Denn zum wahrhaftig echt Preußischen zählen Eigenschaften, die unzweifelhaft dem hohen Wertbegriff der Tugend angehören – was auch eine Kultur, eine Lebenskultur bedeutet. Und wir sollten einsehen, gegeneinander einsehen und schließlich wissen, daß Deutschland in seiner lebendigen und nur so überlebensfähigen Vielfalt für immer weder auf preußische Tugend noch auf bayerische Libertät verzichten kann – daß aber der deutsche Schrecken nur auf dem Felde der ungeteilten Macht wuchern konnte.
Dazu noch – wer darauf anstoßen will – gewissermaßen ein Trinkspruch:

Deutschland ohne Preußen schier unmöglich
Deutschland ohne Bayern unerträglich –

darum aus deutscher Kehle schallt's:
Bayern und Preußen – Gott erhalt's!

Es möge das, womit wir angestoßen haben, von guter Art gewesen sein. Denn sauer aufstoßen wird es uns ohnehin, wenn wir nun drei Gedenktage kredenzen, die sich beliebig oft alle fünf oder zehn Jahre – mit Vollendung jeder runden Ziffer halt – begehen lassen.

Oder sind es mehr Nachdenktage?

Ich meine den ersten April, hier als Geburtstag des Reichskanzlers Otto von Bismarck – den achten Mai als stete Wiederkehr des Tages der deutschen Kapitulation im zweiten Weltkrieg – und schließlich den neunten Juni als Tag der Beendigung des Wiener Kongresses. Drei Tage, deren jeder auf seine Art eine Bestätigung des föderativen Prinzips bedeutet.

Der Betrachtung sechster Teil
das ist
Drei ganz besondere Tage

Und es mutet gar sonderbar an, wenn sich dieses eben bemeldete Prinzip des Föderativen bei uns noch immer in Verteidungsstellung befindet, wenn immer wieder bei allen möglichen Gelegenheiten mit erhobenem Zeigefinger davon gesprochen wird: Der Föderalismus könne oder müsse sich nun erst einmal bewähren, sei es im kulturellen, wirtschaftlichen oder sonstwie politischen Bereich – wenn dies gesagt wird

mit dem Unterton, als handle es sich um die Bewährungsprobe eines unreifen Kindes oder eines bereits wiederholt durchgefallenen Schülers, dem großzügig und wohlwollend noch einmal und wenn's jetzt nicht klappt – zum allerletztenmal –, eine Chance eingeräumt werden soll.
Dabei dürfen wir doch anhand historisch erwiesener Tatsachen feststellen: Was zumindest in Deutschland versagt hat, ja letzten Endes zu einem beispiellosen Zusammenbruch führte und also restlos versagt hat – das war der Zentralismus. Und trotzdem werden ihm noch immer trauernde oder hoffende Kränze gewunden, wird nie endgültig die Grabinschrift eines erleichterten Vergessens gemeißelt.
Damit aber sind wir schon mitten in der Frage nach dem Wert der föderativen Staatsidee, und wir können sie beantworten gerade mit Hilfe der genannten drei historischen Daten. Und nehmen wir gleich das älteste, das am neunten Juni 1815 geschriebene Datum der Beendigung des Wiener Kongresses.
Von ihm wissen heute die meisten nicht mehr als das vom Fürsten Ligne geprägte Wort, daß der Kongreß zwar tanze, sich aber nicht bewege. Dieses Wort hat sich erhalten, und gewiß umschreibt es treffend manche unliebsame oder sogar unwürdige Seite dieses Kongresses. Nicht in Vergessenheit aber hätte auch die Tatsache geraten sollen, daß der Wiener Kongreß geschaffen hat, worum wir heute noch froh sein könnten: den Deutschen Bund.
Doch wie? Dieser in allen Geschichtsbüchern unserer Schulzeit verspöttelte, kritisierte, gelästerte oder ganz einfach unterschlagene Deutsche Bund – gerade

er sollte etwas immer noch Erstrebenswertes gewesen sein?
Vergessen wir nicht, daß auch bayerische Schulbücher, sogar für die jüngste Vergangenheit noch, in der Zeit zwischen 1870 und 1945 geschrieben wurden – im Glanze schimmernder Wehr, unter den Klängen der Wacht am Rhein, zwischen Maas und Memel, zur Verherrlichung der Führerrolle Preußens und zur Entschuldigung des Nachgebens, des Ergebens der deutschen Länder in diese später so unglückselige Rolle – im Zeichen des Volkes ohne Raum, das heute mit weniger Raum besser lebt als je zuvor – im Zeichen des deutschen Wesens, an dem die Welt genesen sollte – inmitten aller teutonischen Überheblichkeit also, die zum Fordern und Erobern, aber niemals zum Bewahren taugte – die schließlich ein Deutschland hinterließ, das geteilt ist, das in der freien politischen Welt bis zur Stunde fast keinen ihm ehrlich vertrauenden Freund hat und noch froh sein muß, daß sich der eine oder andere Dschungelstaat gegen Barzahlung in D-Mark als deutschfreundlich bekennt.
Doch so abfällig wie in unseren Zeiten wurde über den Deutschen Bund nicht immer und überall gedacht. Ein Altmeister der deutschen Geschichtsschreibung, fast noch ein Zeitgenosse des Wiener Kongresses, der schon zitierte Johann Sporschil –, er hat in seiner 1852 erschienenen *Geschichte der Deutschen* geurteilt: »Der Deutsche Bund ist insofern die größte Schöpfung der Neuzeit, als er einen Staatenbund darstellt, dessen grundvertragsmäßiger Zweck lediglich auf Verteidigung, niemals auf Angriff gerichtet

ist. Wer die Stiftungsurkunde des Deutschen Bundes prüft, der wird bekennen müssen, daß sie Bestimmungen enthält, die einer großartigen, segensreichen Entwicklung fähig sind. Jedenfalls bildet Deutschland seit Stiftung des Deutschen Bundes dem Ausland gegenüber eine immerwährende politische Einheit, eine europäische Macht, und das ist ein großes, ein unschätzbares Gut.«

Hatte Sporschil recht? Und ob! Auf Verteidigung sei der Deutsche Bund gerichtet, sagte dieser Geschichtsschreiber. Die größte Leistung in diesem Sinne war die zweite und endgültige Niederwerfung Napoleons, wozu der gerade erst gegründete Bund eine Million Soldaten ins Feld führte, denen der Korse nur an die dreihundertfünfzigtausend Mann entgegenzustellen hatte. Eine respektable Leistung für ein häufig so lächerlich gemachtes politisches Gebilde. Und eine ehrenhafte Leistung obendrein, nur und allein zur Abwehr einer in Unterdrückung und Unfreiheit ausgearteten Idee erbracht.

Und dann nach der Schlacht von Waterloo am 18. Juni 1815, war Friede, langer Friede. Denn dieser Deutsche Bund bildete tatsächlich eine europäische Macht, in der beiden Wörter wahrster Bedeutung. Zu diesem Deutschland, wie es der Bund umgriff, gehörte ja Österreich, die riesige Donaumonarchie mit den von ihr beherrschten Vorfeldern bis weit in den Osten hinein und ans Mittelmeer reichend – im Deutschen Bund waren vertreten England, Dänemark, die Niederlande –, wer noch hätte ein Interesse, wer hätte in Europa den Mut haben sollen, diesen Bund anzugreifen?

In der Tat: Niemand griff ihn an – zerstört werden konnte dieser Deutsche Bund nur von den Deutschen selbst, und das haben sie dann auch gründlich besorgt, im Krieg von 1866. Damals aber hat Bayern – zu seiner Ehre muß es gesagt werden – den Deutschen Bund gegen Preußen bis fünf Minuten nach zwölf verteidigt.

Doch in einem Krieg der Mitglieder dieses Bundes gegeneinander war er nicht zu halten. Vergessen wir aber außerdem nicht, daß im Deutschen Bund Kultur und Wissenschaft, Handel und Wandel blühten, das Verkehrswesen einen ungeheueren Aufschwung nahm und überhaupt sehr viel von dem geschaffen wurde, was dem deutschen Wesen in der damaligen Welt zu wahrem Ansehen verholfen hat. Und zum Teil zehren wir davon heute noch.

Und heute noch begehrenswert?

Man stelle sich diesen Bund übertragen auf unsere Zeit vor, mit seiner Verklammerung in Europa, verklammert durch deutsches Land hinter anderen Grenzen! Dann wären seine Mitglieder: Frankreich wegen des Elsaß, Italien wegen Südtirol, Österreich und die Schweiz ohnehin, Dänemark wegen Jütland – ein föderatives Deutschland als geduldiger Sammler eines föderativen Europäischen Bundes –, vielleicht sogar geeignet für eine Assoziation jener östlichen Gebiete auch, deren heutige Staaten ehemals deutsche Gebiete umgreifen.

Utopie? Nicht utopischer als alle bisher genährten Illusionen, mißlungenen Versuche und verharmlosten Kapitulationen jeglicher Politik einer deutschen Wiedervereinigung.

Nun, der Deutsche Bund dauerte bis 1866. Bis dahin hatten wir die Chance, ein großes Deutschland – nicht ein Großdeutschland – zu haben. Ja, ein europäisches Deutschland, das eben deshalb niemanden zu fürchten, das aber auch keiner zu fürchten brauchte.
Dann wurde dieser Bund zerschlagen, wie gesagt von den Deutschen selbst, voran von Preußen – vom gleichen Staat also, der bereits hunderte Jahre früher damit begonnen hatte, durch seine gegen die deutsche Reichsmacht Österreich vom Zaun gebrochenen Kriege das uralte, zwar an einigen Stellen schon schadhafte, aber immer noch und wiederum reparable Deutsche Kaiserreich zu zerstören. Das gleiche Preußen war es auch, das 1813 im Vertrag von Kalisch den deutschen Osten bis zur Oderlinie den Russen ausliefern wollte, um den politischen Beistand des Zaren Alexander I. zu gewinnen für Eroberungen auf deutschem Boden, in Hannover und Sachsen. Österreichische Diplomatie hat dann verhindert, daß damals schon Rußland so tief nach Europa einbrach.
Es liegt mir nicht daran, nun in den Ruf auszubrechen: Die Preußen sind an allem schuld! – Ich mache diese Anmerkung nur, um ein wenig die felsenfest in unsere Schulbücher eingemauerte Meinung zu lockern, daß Preußen immer und überall die deutscheste aller deutschen Mächte gewesen sei.
Immerhin, was dann fünf Jahre nach dem Krieg von 1866 – am 18. Januar 1871 – geschaffen wurde, das zweite deutsche Kaiserreich – das war der Beginn eines kleineren Deutschlands. Österreich wurde damals ja aus der deutschen Politik hinausgedrängt, es besaß damit für seine große Mission im Osten keinen

Rückhalt mehr im mitteleuropäischen Raum, es wurde zu einer vom Osten her wieder als möglich angesehenen Beute im Gegensatz zu vorher, und tatsächlich ist es dann seither der von Berlin geführten deutschen Politik gelungen, Deutschland immer kleiner zu machen – eine beispiellose politische Leistung, die sogar schon bei flüchtigem Nachdenken genügen müßte, die Qualitäten einer auf zentralisierende Machtentfaltung abgestellten deutschen Politik für alle Zeiten in Frage zu stellen.

Trotzdem, auch der 28. Januar 1871 genügt nicht, um über Preußen den Stab zu brechen. Denn jenes von ihm initiierte Reich war ein prächtiges Gebilde, seine Gründung war eine politische Leistung, und damit kommen wir zum zweiten Gedenkdatum: Zum 1. April, dem Geburtstag Otto von Bismarcks.

Man kann darüber durchaus streiten, ob seine Tat – die Reichsgründung – notwendig war. Eine Rechtfertigung aus ihrer Zeit aber gibt es ohne Zweifel: Die politische Ideenwelt des neunzehnten Jahrhunderts war geprägt vom Erstarken des Nationalbewußtseins. Deutschland war eingerahmt von nationalstaatlichen Mächten, was Wunder, daß auch die Deutschen nach einem Nationalstaat verlangten, und Preußen galt als Kristallisationspunkt dieser Bestrebungen. Was verschlug's dabei, daß die Zentralisierung der kulturellen Vielfalt zum Schaden gereichte, daß nur der Zentralismus Provinzen schafft mit seiner Abschnürung allen regionalen Eigenlebens – Frankreich und Italien sind heute dafür die besten Beispiele.

Aber die blühende Geisteswelt des neunzehnten

Jahrhunderts vermochte sich nicht vorzustellen, daß ihr Reichtum jemals aufgebraucht werden könnte: Denn es kam ja immer wieder Neues nach, die Quellen sprudelten noch, man lebte keineswegs von der Substanz. Das war ebenso wie im siebzehnten und achtzehnten Jahrhundert, als Barock und Rokoko leichten Herzens die Gotik zum Speicherkram warfen im vollen Bewußtsein einer noch ungebrochenen künstlerischen Schöpferkraft, die sich zutraute, an die Stelle des Zerstörten immer wieder Neues, noch Schöneres zu setzen.

Frankreich mit seinen unter der Zentralsonne von Paris kulturell und dann auch wirtschaftlich verdorrenden Regionen war keine Warnung. Die Deutschen, dieses anerkannte Volk der Dichter und Denker, hatten doch ein unerschöpflich scheinendes Kulturkonto – was konnte es bei diesem Reichtum schon schaden, wenn mit einem Teil davon die nationale Neuanschaffung – der machtvolle Einheitsstaat - bezahlt wurde? Dabei hätte eben diese Zeit bereits die Entfaltung aller so verschiedenartigen deutschen Kulturkräfte sehr dringend gebraucht, denn sie mußte ja – in der Baukunst etwa – bereits Anleihen aus der fernsten bis jüngsten Vergangenheit aufnehmen.

Trotzdem, Bismarcks Reich war eine große Leistung. Denn wenn schon dem Zuge der Zeit entsprechend die Konzentration zum nationalen Einheitsstaat nicht aufzuhalten war, so müssen wir heute Bismarcks Konstruktion doch als die immer noch beste aller möglichen Lösungen gelten lassen, weil sie das ersehnte Reich brachte und andererseits eine Verödung der eigentlichen deutschen Stärke – der deutschen Vielfalt nämlich – zumindest aufschob. Noch war die Verfassung des Reiches ausgesprochen föderativ, die leistungsfähigsten Einzelstaaten besaßen ihre klug abgewogenen Sonderrechte und konnten daher ihr wirtschaftliches und kulturelles Leben noch weitgehend so gestalten, wie es ihrer Eigenart entsprach. Keine Entwicklung wurde durch diese, den Nationalisten freilich noch viel zu föderative Verfassung behindert.

Im Gegenteil: Der »Deutsches Reich« genannte Teil Deutschlands nahm einen Aufschwung wie kaum jemals zuvor, und sogar die von keinem anderen Staat im ersten Weltkrieg erreichte militärische Kraftentfaltung strafte noch die Behauptung Lügen, daß ein föderatives Staatswesen nur zum Träumen und Dichten tauge. Der deutsche Name aber genoß Achtung, und an der Berechtigung Deutschlands, sich zu den ersten Kulturnationen der Welt zu zählen, bestand vor 1914 nicht der leiseste Zweifel.

Der ganze Aufstieg aber wäre ebenso, nur etwas langsamer vielleicht, doch dafür um so sicherer in einem Deutschen Bund möglich gewesen. – Sicherer, weil höchstwahrscheinlich ohne den brüsken Abbruch dieser Entwicklung durch einen alles zerstörenden Krieg. Denn mit der kleindeutschen Reichsgründung von 1871 hatte sich ja Deutschland seiner mannigfachen und friedlichen europäischen Verklammerungen, wie sie der Deutsche Bund besessen hatte, entäußert und war im Herzen Europas zu einem Nationalstaat mit höchst empfindlichen Grenzen geworden. Mit ihm einen Krieg zu führen, mußte für-

derhin jedem anderen Nationalstaat nicht mehr als vermessen erscheinen.
Und dieser Krieg – der erste Weltkrieg – wurde geführt, weil Österreich 1914 innerhalb eines Deutschen Bundes die Lösung der Krise im Osten hätte *suchen* müssen und nur mit einem Deutschen Reich verbündet glauben durfte, die Lösung *erzwingen* zu können. Was also an diesem Deutschland von 1871 zentralistisch war, das hat 1914 versagt, und es genügte, um in vier Jahren zu vernichten, was zuvor über vierzig Jahre das noch föderative Prinzip aufgebaut hatte.
Man sollte meinen, daß die anschließende deutsche Politik dieser Erfahrung entsprechend gehandelt hätte. Doch der Staat von Weimar ging in seiner Zentralisierung Deutschlands weit über das zweite deutsche Kaiserreich hinaus. Die deutschen Einzelstaaten wurden finanzielle Kostgänger der Berliner Finanzverwaltung und gerieten dabei wiederholt an den Rand des Bankrotts. Die zentralisierte Wirtschafts-, Handels- und Verkehrspolitik hemmte in den Randstaaten wie vor allem in Bayern den selbständigen Ausbau guter Beziehungen zu ihren Nachbarstaaten. Die Aufhebung der ehemals belächelten bayerischen Sonderrechte aber – darunter besonders die Führung des militärischen Oberkommandos über die bayerischen Truppen in Friedenszeiten –, diese Verurteilung Bayerns auch zur inneren Ohnmacht hat es nicht zuletzt Adolf Hitler ermöglicht, sein Prinzip der brutalen Gewalt 1933 rasch und kampflos gegen Recht und Gesetz über ganz Deutschland auszudehnen.

Der Zentralismus hat auch hier versagt – doch nach diesem Versagen war keine Gelegenheit mehr, daraus noch eine Lehre zu ziehen. Denn das Dritte Reich brachte den absoluten Einheitsstaat, den Zentralismus in Reinkultur und mit ihm die Zusammenfassung aller deutschen Kräfte zur Begehung des bisher größten Verbrechens an Deutschland – der Schändung seines guten ehrlichen Namens.

Da fällt mir grad noch ein:

Bayern wird – historisch leider völlig wahr – der Vorwurf gemacht, daß nach der Katastrophe des ersten Weltkriegs hierzulande die Brutstätte eines beinahe radikal rechtsgerichteten Nationalismus entstanden und konsequent auch der Nationalsozialismus von Bayern ausgegangen sei.

Ein gerechtes Urteil muß aber ebenso bedenken: Im November 1918 hatte ein Berliner Linksidealist das in Bayern seit über siebenhundert Jahren regierende Fürstenhaus vertrieben, einen greisen und schwerkranken König samt seiner vom Tode schon gezeichneten Königin in die Nacht hinausgejagt – hatten Kieler Matrosen, die seit 1916 den Ruhm der im Grunde unentschiedenen Seeschlacht am Skagerrak untätig verzehrten, in Bayern großkotzig Revolution gespielt – wurde alles in den Schmutz getreten, wofür ganz anders als später im zweiten Weltkrieg Hunderttausende auf Treu und Glauben Not und Tod erlitten hatten. Da rieb sich der Bayer die Augen, erst mit Fingerspitzen und endlich mit geballten Fäusten: »Ja, wo und wer sind wir denn eigentlich? Und wer sind sie, die anderen, und woher kommen sie?«

Die gleiche Faust aber hat im November 1923 an der Münchner Feldherrnhalle den bösen Irrtum niedergeschlagen und eine hilfreiche Hand für seine deutsche Wiederauferstehung wurde nicht vom Süden, sondern vom Norden her geboten.

Wir sind beim dritten Gedenktag angekommen, beim 8. Mai, dem Tag der deutschen Kapitulation.

Das Prinzip des Zentralismus war so fürchterlich zusammengebrochen, hatte so jämmerlich versagt, daß nichts mehr verblieb, worauf es von neuem hätte errichtet werden können. Daß es nach diesem Tag überhaupt noch ein Deutschland gab, das verdanken wir allein der anscheinend unzerstörbaren Substanz, die der deutsche Zentralismus seit fast hundert Jahren hatte auslöschen wollen: Dem Eigenleben und der Eigenständigkeit unserer deutschen Länder. Allein diese deutschen Länder haben nach 1945 die schwersten Jahre gemeistert. Sie schufen wieder eine staatliche Ordnung, bahnten Wege durch die Trümmer, bauten Dächer über unseren Köpfen, lösten das in der ganzen Geschichte bisher beispiellose Problem der Aufnahme eines Millionenheers von Flüchtlingen – und das alles vor dem Wiedererstehen einer deutschen Zentralgewalt in der politischen Form unserer Bundesrepublik.

Es war daher äußerst bedenklich, wenn wenige Jahre später schon von einer sehr offiziellen Stelle behauptet wurde, daß uns die Sieger den Föderalismus aufgezwungen hätten. Das heißt nichts anderes als jene eben doch nachweisbar besten deutschen Kräfte verächtlich zu machen, die uns gottlob noch einmal aus höchster Not errettet haben. Ein Prinzip aber, das derartige Kräfte zu entfalten vermag, kann unmöglich von fremder Hand aufgezwungen sein – es muß vielmehr, in solchem Ausmaß wirksam geworden, zum ureigensten Besitz eines Volkes gehören und läßt gerade darum die sichere Erwartung zu, daß wir mit seiner Hilfe auch künftige Probleme meistern werden. Denn was sich im Namen Deutschlands für den guten Namen Deutschlands bewährt hat, das ist der Föderalismus.

Er wird sich auch für Europas Zukunft bewähren müssen, als Rezept für eine von Gewalt, Willkür und Angst befreite Welt, als Rezept für eine Lösung ohne Alternative: Europa zu einen, ohne den Eigenwert der Nationen zu mißachten.

Das Zeichen des neunzehnten Jahrhunderts war, wie gesagt, die nationalstaatliche Konzentration, und sie hatte ein leichtes Spiel gegen die damals zuweilen übersteigerte Form eines kleinfürstlichen Partikularismus, mit dessen Kleinkariertheit der Föderalismus heute noch – oft absichtlich – verwechselt wird.

Da fällt mir grad noch ein:

Bayern war – an europäischen Maßstäben gemessen – zwar nie ein Kleinstaat, es konnte sich sehr wohl in eine Reihe mit anderen souveränen Staaten Europas stellen, sowohl der Größe wie seiner Bevölkerungsziffer nach. Doch Bayern muß mit seinem Hang zur Eigenständigkeit bis in unsere Tage unter der Erinnerung an die Vielzahl der Minifürstentümer jener Reiß – Schleiz – Greiz und Rimmel – Pimmel – Simmelshausen leiden, die Deutschlands politische Landkarte nördlich der Mainlinie so buntscheckig und im wahrsten Sinne des Wortes kleinkariert gestaltet haben. Da waren die Sachsen – Weimar – Eisenach, Sachsen – Meiningen, Sachsen – Altenburg, Sachsen – Coburg und Gotha, Schwarzburg – Rudolfstadt, Schwarzburg – Sondershausen, die beiden Reuß, Schaumburg – Lippe. Der bayerische Selbstbehauptungswille wird so noch immer mit einer Restauration jenes partikularistischen Karnevals verwechselt und dementsprechend als lächerliche Wichtigmacherei abgetan.

Das ist ein ähnlicher Vorgang wie nach der Übernahme aller Länderbahnen durch die Deutsche Reichsbahn im Jahre 1920, als in Bayern keine Nebenbahnen mehr gebaut wurden, weil man in Norddeutschland diese Schienenwege vorwiegend schmalspurig angelegt hatte. Verkehrstechnisch war das mittlerweile überholt und lohnte keine weiteren Investitionen. Die Bayerische Staatsbahn aber hatte von Anfang an auch alle Nebenstrecken normalspurig ausgebaut und im reichsdirigierten Bayern blieb es danach beim bisherigen Schienennetz, weil sich die Berliner Verkehrspolitik unter einer Nebenbahn nichts anderes vorzustellen vermochte als eine possierlich pustende Schmalspurbahn.

Doch zurück von diesem Nebengleis zur Hauptstrecke.

Denn in unseren Tagen zeigt die internationale Politik einen Zug zur Selbständigkeit der nationalstaatlichen Teilkräfte. So gehen Frankreich und Italien, die klassischen Zentralstaaten Europas, behutsam an eine Dezentralisierung heran. Belgien hat sein flämisch-wallonisches Problem, Großbritannien wird noch sein schottisches bekommen, in Spanien regen

sich regionale Kräfte – alles nur lösbar mit einer föderativen Verfassung.
Auch ein vereintes Europa, wenn es nicht ein Torso bleiben will, kann nur auf föderativer Grundlage zusammenfinden. Weil allein dieses Prinzip frei ist vom Verdacht gewaltsamer Expansion. Und kaum auszudenken, um wieviel wohler die Welt sich fühlen dürfte, wenn Sowjetrußland nicht bloß auf dem Papier eine Union, sondern wahrhaftig föderativ in mindestens zwanzig autonome Teilstaaten gegliedert wäre.
Ein französischer Schweizer, der Genfer Professor Denis de Rougemont, hat im Jahrbuch 1963 der Neuen Helvetischen Gesellschaft geschrieben: »Der föderalistische Geist der Schweiz als Beitrag zur europäischen Kultur berührt sich mit dem Auftrag eines verjüngten Europa, das im Begriffe ist, den Föderalismus, seine Moral, seine Philosophie, vor allem aber seine praktischen Rezepte – jene des Friedens – zu entdecken.« Und er schreibt weiter: »Der Föderalismus unterscheidet sich von allen politischen Systemen dadurch, daß er nicht versucht, lebendige Gegensätze und organische Spannungen mit Gewalt zu neutralisieren oder auszumerzen, sondern er bemüht sich, daß sie zusammen *leben.*«
Die europäischen Völker gleichen einer Schar von Solisten, und jedes einzelne hat auf seine eigene Art in der Geschichte Hervorragendes geleistet. Das Können von Solisten aber macht man einer gemeinsamen Sache nicht am besten dadurch dienstbar, daß man diese Einzelkönner in einem Chor zusammenfaßt und gemeinsam eine Hymne auf Europa, ein Marsch-

lied, singen läßt. Für Solisten taugt weit besser die Oper, die zwar auch unter der Regie für ein gemeinsames Ziel steht, für die Erzielung einer künstlerischen Höchstleistung durch das Ensemble – doch andererseits bietet sie dem einzelnen Solisten so viel Spielraum für die Entfaltung seiner speziellen Kräfte und Fähigkeiten, daß eben gerade daraus die gemeinsame Höchstleistung entsteht.

Und wahrscheinlich erweisen wir darum dem Gedanken eines Vereinten Europa einen schlechten Dienst, wenn wir ihn so auffassen, daß die europäischen Völker zu einem Chor von genormten Einheitseuropäern werden sollen.

Und jetzt wird mancher mit Recht fragen, warum dann gerade Deutschland in sich selbst noch einmal föderativ gegliedert sein muß, wenn doch alle anderen europäischen Staaten – von Schweiz und Österreich abgesehen – eine mehr oder weniger zentralistische Struktur aufweisen, zumindest noch aufweisen.

Nun, für Deutschland gilt ebenfalls der Vergleich mit den Solisten, die sich hier im Laufe von Jahrhunderten aus den verschiedensten Gründen herausgebildet haben und per Saldo nicht zu unserem Nachteil. So ist es immerhin auch interessant, daß eine offizielle Organisationskarte der Europäischen Gemeinschaft gerade Bayern als eigenständige Region und damit als eigenwertigen Baustein Europas ausweist.

Es kommt aber noch ein Grund hinzu: Deutschland hat wie kein anderer westeuropäischer Staat unmittelbare politische Nachbarn, Grenze an Grenze, durch kein Meer von ihnen getrennt. Deutschland liegt mitten in diesem Europa zwischen Ost und West und viel, sehr viel hängt davon ab, ob dieses Deutschland als imperialer Block inmitten Europas steht oder als anziehende, Vertrauen ausstrahlende Kraft, die in Europa fest verklammert ist, weil sie mit ihren Stämmen in politisch außerdeutsche Räume hineinreicht. Das ist die Sonderstellung der Deutschen, das ist ihre eigentliche europäische Mission. Und ein föderatives Deutschland kann für den Frieden Europas wesentlich mehr bewirken als eine etwa auf ihren Knieen in Richtung Osten rutschende Bundesrepublik.

Daß in solcher Besinnung auf die Kraft des Gemeinsamen aus freier Anerkennung der Kräfte des Vielfältigen keine Schwäche droht, dafür sei noch eine Institution angeführt, die ganz gewiß heute um eine Stärkung, um eine innere Stärkung ihrer Position ringt – die Katholische Kirche. In dieser Situation hat Papst Paul VI. zum Abschluß der dritten Periode des Zweiten Vatikanischen Konzils zu den Bischöfen das Wort gesprochen: »Wir haben keine Angst, daß Unsere Autorität gemindert wird, wenn wir die Euere anerkennen!«

Freilich, ein Wort der Erkenntnis ist kein Kommando, das eine Kehrtwendung bewirken könnte. Aber es ist ein in die Erde gesenkter Same, der zum Aufgehen Gott braucht – doch ebenso des Menschen behütende, sorgende Hand.

Der Betrachtung siebenter Teil
das ist
Warum die Bayern bayrisch sind

Doch zur Mitbestimmung gehört die Möglichkeit eigenständigen Handelns, und höchstvermutlich käme uns einiger Nutzen davon, wenn wir das bis zur Stunde noch währende Ringen Bayerns um den echten Bundesstaat endlich einmal auch unter diesem Blickwinkel betrachten wollen. Aus dieser zeitgemäßen Umdeutung der schon abgedroschenen Phrase nämlich, daß etwa Bayerns Festhalten an seinem Staat provinziell und kleinkariert sei, ergeben sich verblüffend moderne Wertbegriffe für mehr welt- und menschengerechte Politik. Außerdem aber sei die kühle Frage gestattet: Warum auch sollten früher schon die Bayern anders handeln?
Bayern war am Tag der zweiten Reichsgründung – am 18. Januar 1871 – ein Staat mit über tausend Jahren ununterbrochener Geschichte, hatte immer wieder europäische Bedeutung erlangt, lebte friedlich ohne eigene Expansionsgelüste, war größer oder kaum kleiner als viele andere Staaten, die selbständig existierten und dies bis heute noch unangefochten in vorzüglicher Verfassung tun. Bayern hatte sich über Jahrhunderte hinweg in den Wirren der großen Politik behauptet, hatte immer selbst recht gut gewußt, was für die Bayern am besten war, und – wenn es wirklich Not tat – immer wieder das Reich verteidigt. Doch immer auch als eigenständiger Staat. Und es konnte leben, das hat ihm sogar Bismarck persönlich klar bescheinigt. Mit Recht fragte darum am 30. De-

zember 1870 der Freiherr zu Franckenstein in ihrer Versammlung die bayerischen Reichsräte:
»Bayern, ein Land mit einer Bevölkerung von nahezu fünf Millionen Seelen, ein Land berühmt durch seinen Reichtum, ein Land mit geschonter Steuerkraft wie nicht leicht ein anderes, ein Land mit vollständig geordneten Finanzen, das soll unfähig sein, für sich fortzubestehen?«
Und der württembergische Staatsminister von Mittnacht schrieb damals:
»Bayern kann außerhalb eines deutschen Verfassungsstaates noch unbestimmt lange Zeit eine selbständige staatliche Existenz aufrechterhalten; für Deutschland bleibt es stets ein wertvoller Alliierter, und auch sonst in Europa hätte es ihm an Freunden und Beschützern nicht gefehlt.«
Bayern aber machte 1870 im Kriege mit. Aus Treue zum gegebenen, wenn auch erzwungenen Wort von 1866 – in romantischer Hingabe an den Reichsgedanken – in der Hoffnung auf stärkere Mitsprache bei der künftigen Bestimmung des deutschen Geschicks. Doch der Dank blieb aus, die Romantik mußte der Ernüchterung weichen, die Hoffnung wurde enttäuscht. Der Bogen spannt sich zwischen dem Wort, das bei Kriegsausbruch die preußische Kronprinzessin an ihre Mutter schrieb:
»Die Bayern und Schwaben sind so untauglich und undiszipliniert, daß sie nur wenig nützen können.«
– – spannt sich hin bis zu der Klage, die am 21. Januar 1871 der ehemalige bayerische Regierungschef Ludwig von der Pfordten seinem Tagebuch anvertraute:

»Heute haben die Abgeordneten Bayerns ihren König und ihr Land unter die preußische Militärherrschaft mediatisiert. Finis Bavariae!«
An jenem 21. Januar nämlich hatte der Bayerische Landtag mit 102 gegen 48 Stimmen ein Vertragswerk angenommen, das zum zweitenmal ein Deutsches Reich erstehen ließ, diesmal allerdings unter sozusagen erblicher, immerwährender Oberhoheit Preußens und also ohne die Möglichkeit, des Reiches Krone auch dem einen oder anderen deutschen Stamm zu übertragen. Dem Beschluß waren zehn Tage einer hitzigen Debatte vorausgegangen, denn der vorberatende Ausschuß hatte mit zwölf gegen lediglich drei Stimmen dem Plenum des Landtages empfohlen, das ganze Vertragswerk abzulehnen und neue Verhandlungen zu fordern. Die zur Begründung dieses Verlangens von der Patriotenpartei vorgetragenen Warnungen waren so ernst und erwiesen sich eines Tages dann als derart prophetisch, daß man sie unter dem Titel *Bayerische Seherstimmen* publizierte.
Der Abgeordnete Dr. Ruland sagte damals: »Diese Verträge sind nichts anderes, als die Grundlage einer absolutistisch – militärischen Hegemonie.«
Dr. Greil wünschte: »– – Es möge diesem Prinzip der Nationalität von unserer Seite so sehr wie möglich entgegengetreten werden. Dadurch erwerben wir uns ein Verdienst nicht nur um Bayern, sondern auch um Deutschland, um die ganze zivilisierte Welt.«
Dr. Kretzer sagt: »Die Annahme der Verträge führt sicher zum Einheitsstaat. Wohin führt die Gründung eines solchen Staates? Zu Kriegen, zur Bekämpfung anderer Staaten! Die Sucht, die Herrschaft über

Europa zu bekommen, liegt zugrunde, und diese Anspannung aller Kräfte wird auch über kurz oder lang zum Kriege führen! Mit diesem Vertrag wird Bayern, wird Deutschland nicht glücklich!«
Dr. Pfahler schließlich kritisierte die preußische Politik seit Friedrich II. und warnte: »Der rastlose Zerstörer des Reiches kann nie und nimmer der Neubegründer des Reiches sein! Nicht das Deutsche Reich, sondern zwei Drittel Deutschlands unter dem preußischen Hut, das ist es, was die Verträge anstreben, und nicht einmal das Kaisertum, das auf einer sittlichen Idee ruht, sondern den Cäsarismus!«
Und wenige Jahre später sagte der politische Denker Konstantin Frantz voraus – inmitten aller Reichsglorie –, daß das Bismarckische Reich, des deutschösterreichischen Elements beraubt, binnen weniger Generationen den Weltmächten Amerika und Rußland zum Opfer fallen werde – eine unheimliche Ahnung, offene Wahrheit geworden.
Und die Romantik? Das infizierend Morbide an dieser Reichsgründung war der Fehler, daß sie sich nicht auf eine bündische Neuordnung der vielfältigen Urkräfte des deutschen Volkes besonnen hat, vielmehr ein Flickwerk darstellte aus der politischen Mode des Nationalstaates und einer gewaltsam regenerierten, schon überwunden geglaubten Staatsauffaßung des achtzehnten Jahrhunderts. Will man aber ein Haus erneuern, dann muß das von den Fundamenten her und nicht von irgendeinem Stockwerk aus geschehen.
Auch von der eigentlichen Beute des Siebzigerkrieges – von der Einverleibung Elsaß-Lothringens – kam

für Bayern kein Lohn. Den schon offerierten Anteil hat der bayerische Regierungschef Graf Bray sogar abgelehnt mit dem Hinweis, daß diese Annexion dem von deutscher Seite proklamierten Verteidigungscharakter der Auseinandersetzung mit Frankreich widerspreche. Und wahrlich: Elsaß-Lothringen, die Kriegsbeute, brachte Deutschland kein Glück – es schwelte als unterschwelliger Kriegsgrund weiter, bis 1914. In der zu Beginn des Jahres 1871 nach Bordeaux geflüchteten Nationalversammlung hatten die Abgeordneten des Elsaß gegen die Lostrennung von Frankreich protestiert, und schon Mai/Juni des gleichen Jahres mußte Ludwig Adolf Wiese – Vortragender Rat im preußischen Ministerium der Kirchen-, Unterrichts- und Medizinalangelegenheiten –, er mußte von seiner Informationsreise durch Elsaß-Lothringen amtlich berichten:

»Der Gesamteindruck, zu dem sich unterwegs alles, was ich wahrgenommen hatte, allmählich verdichtete, war aber mehr niederschlagend als hoffnungsreich. Die Entfremdung der Lothringer und ebenso der Elsässer ging viel tiefer, und ihre Anhänglichkeit an Frankreich war inniger als ich erwartet hatte.«

Nun, im Bayerischen Landtag hatte sich die Mehrheit letzten Endes damit getröstet, daß Bayern im neu gegründeten Reich etliche Reservatrechte behielt: So den Oberbefehl über seine Armee im Frieden, das Recht auf eigene diplomatische Vertretungen im Ausland, eigenes Bahn- und Postwesen. Doch Bayerns dringlichstes Anliegen – eine echte Teilung der Macht im Reiche – blieb unerfüllt und somit Preußens kleindeutsche Oberherrschaft ohne wirksame Kontrolle.

Denn das entscheidende Lebensrecht, das Recht über Krieg und Frieden, war dem Kaiser – dem König von Preußen – allein zugestanden. Der preußische Historiker Gustav von Droysen aber schrieb schon am 7. Dezember 1870, daß er wahrhaftig nicht für das Kaisertum schwärme, weil der König von Preußen ein hinreichend stolzer Titel sei. Immerhin aber – –

»– – werden damit die deutschen Fürsten auf die demokratische Gleichheit der Souveräne im Reich verzichten und mit dem Kaisertum legen sie sich den Strick um den Hals!«

Diese geschmackvolle Andeutung von Gewalt war keineswegs die Vorstellung eines Einzelgängers. Denn später wurde nach des preußischen Kronprinzen Friedrich Wilhelm eigenem Eingeständnis bekannt, daß er 1870 bereit gewesen wäre, Bayern auch mit Waffengewalt in das Reich zu zwingen.

Entwaffnung der bayerischen Armee also, die doch aktenkundig in erster Linie für die verletzte Ehre des Hauses Hohenzollern ihr Blut vergossen hatte! Seltsame Behandlung des stärksten Bundesgenossen – der dann in seiner Landeshauptstadt München den preußischen Feldherrn Moltke später zum Ehrenbürger ernannte.

Wenn an dieser Stelle unser nördlicher Gesprächspartner etwas von doofen Bayern murmeln sollte, dann dürfen wir ihm getrost Beifall zunicken. Denn Moltke war schon der führende Stratege, als Preußen den Deutschen Bund mit Krieg überzogen und damit auch dessen legitimen Verteidiger Bayern vor dem Altar einer großpreußischen Germania in die Knie gezwungen hatte. Und wieder war es Moltke, der diesen Krieg von 1870/71 befehligte, den Bayern außer mit Gut und Blut auch noch mit seiner politischen Entmündigung bezahlte. Es bedarf schon erheblicher Einfalt, um einen so merkwürdigen Wohltäter Bayerns in die Ehrenliste der Landeshauptstadt aufzunehmen. Und wie man sieht, ist nicht nur am »Saupreußen«, sondern auch am »doofen Bayern« etwas Wahres dran. Was noch wahrer wirkt angesichts einer rüden Arroganz der Berliner Presse, die sich damals nicht scheute, auch den verbündeten König vor seinen eigenen Soldaten lächerlich zu machen. Die *Börsenzeitung* beispielsweise höhnte über Ludwig II.: »Der preußische Kronprinz hat die Bayern so oft zum Siege geführt, daß sie sich nun von ihm nicht losreißen würden, um dem Schwanenritter zu folgen oder mit dem Tannhäuser nach Rom zu pilgern.«

Dieser König aber erfuhr schon Mitte Juli 1871, was ihm beschieden war. Als Ludwig die heimkehrenden Truppen und den preußischen Kronprinzen begrüßen mußte, sprach er bereits von einem »Vasallenritt«. Schließlich wollte der trotz allem noch höfliche Bayer seinen Gast zum Chef eines bayerischen Ulanen-Regiments ernennen – doch vom preußischen Kronprinzen erhielt Ludwig die taktlos verletzende Antwort, daß dies der Kaiser genehmigen müsse. Daraufhin fuhr der König ohne Abschied von Friedrich Wilhelm in seine Berge. Allzu charmant war ihm bedeutet worden, wie wenig er noch zu sagen hatte.

Ludwig wurde und wird noch immer viel Unrecht angetan: Von seinen Kritikern, die ihm unentschlos-

sene Haltung, Mangel an Mut, Verlorenheit in Romantik und Wahn vorwerfen – und von seinen Freunden auch, von seinen Verehrern sogar, die Ludwigs Ehre als Märchenkönig retten wollen und dabei doch nur so oft sein Andenken für ihre geblümte Hysterie und eine herzig weißblau gewürfelte Fremdenverkehrsreklame verunglimpfen.
Würde aber verlangt nur Gerechtigkeit, und jeder ehrliche Versuch, Ludwigs Gestalt aus dem Zwielicht von Tatsachen und Legenden in die Helle der Gerechtigkeit zu holen, endet mit dem Urteil: Er war Zeit seines Lebens ein Mann der inneren Pein.
Und eine ihrer Stationen ist sein Mobilmachungsbefehl, dessen Original in den Beständen des Geheimen Staatsarchivs noch erhalten ist. Am 16. Juli 1870 ließ König Ludwig um 9.20 Uhr von Schloß Berg nach München telegrafieren:
»J'ordonne la mobilisation; informez – en le Ministère de la guerre. – – Louis«
Das war der bayerische Mobilmachungsbefehl im deutschen Krieg gegen Frankreich. Merkwürdig, der König bediente sich sogar jetzt noch der Sprache des von der Politik verordneten Erbfeindes aller Deutschen. War Ludwig mit seinem Herzen etwa nicht bei dieser Sache? Oder glich sein französischer Mobilmachungsbefehl gegen Frankreich nur einer Geste aus längst vergangenen ritterlichen Tagen, die noch den Gruß zu Ehren des Gegners kannten? Oder war dieser König allein souverän genug, nicht in jenen Ruf mit einzustimmen, der auch am Isarstrand wie Donnerhall brauste?
Doch Ludwig war an diesem Tag mit einem Erbteil

seiner Dynastie in Widerspruch geraten. Sein Urgroßvater, König Max I., hatte in steter Sorge um Bayerns Existenz zu Beginn des Jahrhunderts erklärt: »Ich sehe nur zu deutlich, daß mir als einziger Ausweg nur die völlige Stützung auf Frankreich bleiben wird. Mit Österreich ist nicht zu rechnen, Rußland auf achthundert Stund von uns, und Preußen ist falsch gegen jeden.«

Doch andererseits: Großvater des zweiten Ludwig war Ludwig I., und er schrieb noch im Jahre 1841 über sein Verhältnis zu Frankreich: »Ich ein entschiedener Feind, ja ein glühender Feind der Franzosen, ob sie weiß oder tricolor, voll teutschem Sinn!«

Und beides hat im bayerischen Volk seine Spuren hinterlassen. So konnte 1870 ein zeitgenössischer Briefschreiber berichten: »Lieber hundert Jahre französisch als ein Jahr preußisch, sagen die Bauern hier, und wenn man widerspricht, riskiert man, totgeschlagen zu werden.«

Und zum anderen trug der Franzosenhaß des hochverehrten ersten Ludwig viel dazu bei, daß Väter ihren Söhnen die Lehren mitgaben, die sie voll Begeisterung in diesen Krieg gegen Frankreich ziehen ließen. Doch eines steht fest: Ein klassischer Erbfeind war Frankreich für Bayern keineswegs, konnte es nicht sein. Und Ludwig II. wußte das – –

»J'ordonne la mobilisation – –«

– – und hat es bewiesen. Aber am 19. Juli dann schrieb er in deutscher Sprache an seinen Regierungschef: »Mein lieber Staatsminister Graf Bray! Ich habe von der Note des am hiesigen Hofe beglaubigten preußischen Gesandten vom 18. Juli des Jahres

Einsicht genommen und ermächtige Sie, dem Vertreter der preußischen Regierung sofort zu erklären, daß ich den casus foederis als gegeben erachte, wonach die weiteren Maßnahmen unverzüglich einzuleiten sind. Indem ich Ihrem bisherigen umsichtigen Verhalten meine vollste Anerkennung zolle und auf Ihre fernere opferwillige und *thatkräftige* Mitwirkung rechne, verbleibe ich mit bekannten Gesinnungen Ihr gnädiger König Ludwig.«
Dabei war das Wort thatkräftig dick unterstrichen.
Der in französischer Sprache erteilte Mobilmachungsbefehl und dieser Brief – das etwa sind die beiden Pole von Ludwigs Gemütsverfassung. Da war die Sorge um den Bestand Bayerns, des ihm anvertrauten Erbes. Der von Preußen 1866 wohl mit Österreich im Visier, aber in seiner Wirkung gegen den Deutschen Bund geführte Krieg versengte wie ein Stück Papier Ludwigs ritterliches Gefühl von Treu und Glauben. Die Niederlage entließ ihn als äußerlich zwar freien, doch in Wahrheit mit gebundenen Händen regierenden König. Die Krone war sein Leben, und eben sie hatte damals schon einen Sprung bekommen, der freilich gekittet wurde, und viele hätten die schadhafte Stelle einfach nach hinten gedreht. Er konnte das nicht – er fühlte sich seither als der Geprellte seiner Treue zur gerechten Sache des Deutschen Bundes.
Da war aber auch der Wille zum Reich. Und von diesem Krieg – sollte er siegreich enden – war das Reich zu erwarten. Denn der bayerische König war kein Reichsfeind, trug die Treue zur Kaiserkrone von seinem Vorfahren her im Blut, der vor siebenhundert

Jahren in der Veroneser Klause diese Treue der wittelsbachischen Bayernfürsten zur Idee des deutschen Kaisertums begründet hatte. Und vielleicht würde es wieder so sein, mochte Ludwigs Romantik hoffen, daß auch sein Haus eines Tages abermals diese ehrwürdigste Krone des Abendlandes tragen durfte.

So war es wohl auch zu erklären, daß der König am Morgen nach seiner Entscheidung für den Krieg an der Seite Preußens freudig bewegt sagte: »Ja, ich habe das Gefühl, eine gute Tat getan zu haben!«

Aber schon wenige Monate später stand ja fest, daß der Deutsche Kaiser immer ein König von Preußen sein wird.

Und Ludwig hat es geahnt, rechnete darum auf die fernere tatkräftige Mitwirkung seines Ministerpräsidenten, Mitwirkung im unausweichlichen Ringen um die weitere Existenz der bayerischen Krone.

Um aber dieses Bayern zu bewahren: Da war die quälende Frage, ob der König mit seinem Land neutral bleiben sollte oder konnte? In der Nachbarschaft gab es ein Land, auch ein deutsches Land und weniger als halb so groß wie Bayern – die Schweiz. Am Tag der bayerischen Mobilmachung aber – just am 16. Juli 1870 richtete der schweizerische Bundesrat an die Eidgenossen eine Botschaft und erklärte: »Das Gebot der Selbsterhaltung empfiehlt der Schweiz die Neutralität, die Nichteinmischung in diese ihr fremden Händel.« Daran hat die Schweiz bis heute festgehalten, hat ihren Menschen das namenlose Elend der vergangenen hundert Jahre erspart, ist souverän geblieben und genießt als kleiner Staat höchstes Ansehen auf dieser unserer Welt.

Doch zur Neutralität gehört Mut, mehr Mut als ein weit verbreiteter Irrglaube wahrhaben will. Gehört auch Glück – wie es vielleicht nach dem Unglück von 1866 Bayern wieder gelächelt hätte. Aber gerade 1866 hatte diesem an sich schon dem Krieg so gänzlich abholden König den Mut genommen und ihn an seinem Glücksstern zweifeln lassen. So blieb nur das Bündnis mit Preußen und damit die Herausgabe der bayerischen Armee für einen von beiden Seiten frivol entflammten Krieg, der sicherlich preußisch – französische, kaum deutsche und bestimmt nicht bayerische Sache war. Und siegte Frankreich – während Bayern neutral geblieben wäre –, dann wurde dieses Bayern verdammt von all den Vielen, die ihr bereits vergöttertes Preußen durch bayerische Schuld den Welschen ausgeliefert sahen. Und wenn Preußen siegte? Dann würden Bayerns Stunden nicht mehr in München, sondern in Berlin gezählt.
Doch immerhin: Eine Chance wäre die Neutralität gewesen. Das war die Qual von Ludwigs Entscheidung und in der Nacht vor dem bayerischen Mobilmachungsbefehl fragte er – auf ruheloser Wanderung durch das große Balkonzimmer in Schloß Berg – immer wieder seine Umgebung: »Gibt es denn kein Mittel, den Krieg zu vermeiden?«
Weiterhin währender Friede wäre die Lösung gewesen. Aber die großen Mächte wollten ihn nicht, hatten ihn zumindest verloren gegeben oder hatten andere, vermeintlich größere Sorgen. Was konnte sie da noch bedeuten, die Rücksicht auf alle Qual und Pein eines um seinen deutschen Mittelstaat besorgten Fürsten? Denn die höchste Politik war wieder einmal

des Glaubens, daß es so nicht weitergehen könne, und was war da ein friedliches Land schon wichtig mit seiner Meinung, es könne gut und gerne noch lange so weitergehen?

Als alles vorüber war – bayerische Mobilmachung und der dem König abgelistete Kaiserbrief, Krieg und Reichsgründung –, da fand Ludwig allein inmitten des Jubels Worte der Resignation, Worte der Rechtfertigung seines Handelns wider die eigene Ahnung – und er schrieb seinem Bruder Otto: »Konnte Bayern allein frei vom Bunde stehen, dann wäre es gleichgültig, da dies aber geradezu eine politische Unmöglichkeit wäre, da Volk und Armee sich dagegen stemmen würden und die Krone mithin allen Halt im Lande verlöre, so ist es, so schauderhaft und entsetzlich es immerhin bleibt, ein Akt von politischer Klugheit, ja von Notwendigkeit, wenn der König von Bayern jenes Anerbieten stellt. Jammervoll ist es, daß es so kam, aber nicht mehr zu ändern.«

Jenes Anerbieten – die unter dem klaren Verzicht auf die künftige eigene Handlungsfreiheit von Bayern dargebotene Kaiserkrone – brachte Ludwig vom Empfänger selbst keine Anerkennung.

König Wilhelm – noch einen Tag vor der Kaiserproklamation in Versailles brach er in Tränen aus und führte bittere Klage darüber, daß er vom alten Preußen Abschied nehmen müsse. Hellsichtigkeit alter Fürstengeschlechter? Preußen sollte in Deutschland noch mehr aufgehen als Bayern, ja letzten Endes daran sogar zugrunde gehen.

Ob auch König Ludwig weinte? Wir wissen es nicht. Doch eines ist sicher, daß erst von jenen Tagen an seine Flucht in eine andere Welt begonnen hat, in die Welt seiner Träume, seiner künstlich erbauten Welt eines vergangenen und verlorenen Rittertums – daß er zum erstenmal in Hohenschwangau auf den dunklen Alpsee hinunterstarrte und verzweifelt spürte: »Die Fluten ziehen mich an!«

In der Ferne aber zog Bismarck schon seinen Vorteil aus diesem Zustand. Als ihm Ludwig bedeuten ließ, er habe dem Hause Hohenzollern keineswegs die erbliche Kaiserwürde angeboten, meinte Bismarck nur: »König Ludwig lebt im Reich der Träume!«

Dieser König war in jenen Schicksalstagen erst vierundzwanzig Jahre alt. Noch zeigte sich keine äußerlich wahrnehmbare Spur der späteren Geisteskrankheit, seine Unterschrift war klar und kraftvoll. Doch wie so oft ein Unfall erst verborgene Leiden zum Ausbruch kommen läßt, so hatte 1866 schon das Geschick den Schlag geführt, der bei Ludwig die hauchdünne innere Trennwand zwischen Klarheit und Wirrnis verletzte und mit 1870 schließlich zerreißen ließ. Auf die Schultern eines begabten, gutwilligen, doch für schwerste Belastungen nicht geschaffenen Jünglings war eine Entscheidung gelegt, von der wir heute wissen, daß sie nicht nur von bayerischer oder deutscher, sondern von weltpolitischer Bedeutung gewesen ist.

Bei seinem Regierungsantritt im Jahre 1864 hatte König Ludwig II. von Bayern auf die Verfassung geschworen:

»Meines geliebten Bayernvolkes Wohlfahrt und Deutschlands Größe seien die Zielpunkte meines Lebens.«

Ein Mann wie er mußte – in seiner Zeit und mit den ihm zugemessenen Partnern – an diesem Eid, an der damals unmöglichen Erfüllung seines doppelten Auftrages zerbrechen. Und wahrhaftig: Ludwig II., König von Bayern, ist erloschen sechzehn Jahre vor seinem Sterbetag. Diesen bis heute rätselvollen Tod hat er am 13. Juni 1886 in den Fluten des Starnberger Sees gefunden.

Am 19. Juni dann schritten hinter dem Sarg des wahrlich Unglückseligen die Erben zweier Kaiserkronen: Friedrich Wilhelm, Kronprinz des Deutschen Reiches – und Rudolf, Kronprinz der Donaumonarchie. Der eine sollte die Krone nur wenige Wochen, der andere niemals tragen. Ludwig aber war ihnen nur eine kurze Strecke in den Tod vorausgegangen, der diesen Erben ein Ende ersparte, das der bayerische König ahnte und nicht verhindern konnte: Daß die Kaiser des Deutschen Reiches und Österreichs vereint in den Untergang führten, was ein preußischer Junker getrennt hatte – Deutschland.

War es Schicksal, frömmer gesagt, Gottes Fügung – oder, hart kritisiert, menschliches Versagen, politisches Verzagen? Die Waage der Antwort neigt sich eher auf die Seite menschlichen Verschuldens, denn die bayerische Geschichte zeigt auch, daß dieser Staat sogar in schier auswegloser Situation zwischen veritablen Weltmächten den rechten Kurs ans rettende Gestade seines Überlebens zu finden wußte. Und wär's anders gewesen, Bayern hätte kein Anrecht auf den historisch nachweisbaren Ehrentitel, der älteste Staat Europas zu sein. Gewiß war daran auch das Glück beteiligt, aber Glück – so sagt ein Sprichwort –

hat auf die Dauer nur der Tüchtige. Und fast immer ist hohes Alter ein Geschenk der Weisheit, auch das hohe Alter eines Staates.
Da war nämlich fast sechzig Jahre zuvor ein Kapitel bayerischer Geschichte abgelaufen, das die Gunst verdient, ganz erzählt zu werden – als stellvertretender Beweis dafür, daß Bayern keineswegs verlassen ist, wenn sich die Bayern auf Bayern verlassen.

Der Betrachtung achter Teil

das ist

Der Vertrag von Ried oder die Kunst des Absprungs

In München gibt es ein französisches Viertel. Nicht etwa, weil dort eine französische Kolonie behaust wäre – nein, es heißt wegen seiner Straßen so: Die Sedan-, die Orleansstraße und die Wörthstraße finden wir dort. Und noch etliche andere. Diese Namen draußen beim Ostbahnhof gehen auf den deutsch-französischen Krieg von 1870 zurück.
Genau besehen aber gibt es in München ein zweites französisches Viertel, um ein gutes Stück älter und wohl darum schon so selbstverständlich, daß man es kaum noch als französisch empfindet. Das Viertel ist auch mehr ein Geviert, ein im Norden offenes Viereck, umgrenzt von drei Straßen: Von der Barer

Straße, der Arcisstraße und schließlich von der Brienner Straße, die quer zwischen Odeons- und Königsplatz verläuft. Gewissermaßen die Taufurkunde für diese drei Straßen ist ein Vertrag der am 8. Oktober 1813 geschlossen wurde. Im Artikel zwei dieses Vertrags hat Bayern erklärt:

– – Es wolle dem Rheinbund entsagen und verpflichte sich, seine Waffen sofort mit jenen der Verbündeten Mächte zu vereinigen.

In die Akten der Geschichte eingeordnet wurde der Vertrag als Allianztraktat von Ried, benannt nach der im oberösterreichischen Innkreis gelegenen Bezirksstadt – von der heutigen bayerischen Grenze an die vierzig Kilometer entfernt. Dort hatten die Verhandlungen stattgefunden, zwischen dem Oberbefehlshaber der bayerischen Armee – Graf Wrede – und dem Oberbefehlshaber der an Bayerns Ostgrenze stationierten österreichischen Armee – Fürst Reuß zu Ried.

Der im Vertrag erwähnte Rheinbund, dem Bayern entsagen wollte – das war jenes Bündnis deutscher Klein- und Mittelstaaten, 1806 ein Werk Napoleons, der damals im Jahr zuvor die Dreikaiserschlacht von Austerlitz gewonnen hatte. Und die Verbündeten Mächte dieses Allianztraktats, das waren Österreich, Rußland und Preußen – vereint gegen Napoleon, den Beherrscher der Franzosen und weiter Teile Europas – vereint, um all das von diesem Herrscher zu befreien. Für Bayern aber haben die Unterschriften auf dem Vertrag von Ried bedeutet:

Zum einen den Verlust von Vorarlberg und Tirol, deren Besitz Bayerns Lohn für das Bündnis mit

Napoleon gewesen war. Dem Allianztraktat nämlich waren elf geheime Artikel beigefügt, worin Bayerns König – es war Max I. – auch versprochen hatte:
– – Sich zu allen für notwendig erachteten Gebietsabtretungen zu verstehen, um den beiden Staaten eine angemessene Militärgrenze zu sichern.
Während allerdings im gleichen Vertrag der Kaiser von Österreich – es war Franz I. – die Verpflichtung eingegangen war:
– –Seine wirksamste Verwendung und dafern nötig, seine ganze Macht aufzubieten, um dem Könige von Bayern die vollständigste Entschädigung für die abgetretenen Provinzen zu verschaffen.
Dieses Wort zu halten – man hat es wohl versucht. Das Großherzogtum Würzburg und das Fürstentum Aschaffenburg fielen nach der letzten Bataille an Bayern. Österreichisches Land aber – Tirol, Vorarlberg, Salzburg –, das vor der ersten Jahrtausendwende noch bayerisch gewesen und in dieser napoleonischen Zeit für einige Jahre wieder bayerisch geworden war – dieses kaum wieder gewonnene uralte Bayernland ging verloren.
Auch die zu Ried und später in Wien versprochene Landbrücke zwischen dem rechtsrheinischen Bayern und seiner Pfalz am Rhein kam nie zustande. Preußen wollte in seinem Süden keine von Ost nach West durchgehende bayerische Militärgrenze. Die Zeche dafür hat Österreich bezahlt und von Wien – wo man das gebotene Wort nicht einlösen konnte aber trotzdem nobel bleiben wollte –, von dort floßen gemäß einer nur einstweiligen Zusage im Jahr 1816 bis zum Erlöschen der Donaumonarchie jährlich ein-

hunderttausend Gulden als sogenannte Kontiguitätsentschädigung in die bayerische Staatskasse.

Damit war das Allianztraktat von Ried auch die politische Grundlage für einen bayerischen Staat in seinen Grenzen, wie sie bis heute bestehen – die nicht einmal von Hitler gewagte Abtrennung der Rheinpfalz freilich ausgenommen –, und was 1813 als Kapitel einer mehr als tausendjährigen bayerischen Geschichte unterschrieben wurde, ist noch immer Gegenwart. Und überdies: In den elf geheimen Artikeln des Vertrages von Ried stand an erster Stelle zu lesen: »Die vertragschließenden Mächte erklären, daß sie als einen der Hauptzwecke ihrer Anstrengungen im gegenwärtigen Kriege die Auflösung des Rheinbundes und die gänzliche und absolute Unabhängigkeit Bayerns betrachten, so daß dasselbe, frei von jedem fremden Einfluße und außerhalb desselben gestellt, die Fülle seiner Souveränität genießt.«

Dieses Wort ist dann über fünfzig Jahre lang die volle Wahrheit geblieben – ja, trotz Reich und Bund wirkt es noch bis zur Stunde fort, und jedes eigensinnige Staatsbewußtsein des heutigen Freistaates Bayern bedeutet auch lebendiges Erinnern an eine politische Delikatesse, an jenes Genießen der Fülle seiner Souveränität.

Zum Dritten endlich: Der Streusand auf dem Pergament von Ried hat Unterschriften getrocknet, die für Bayern gerade noch und um Haaresbreite einen ehrenvollen Platz besiegeln konnten in der Front gegen Napoleon, dessen ursprünglich schier grandios europäische Idee in Strömen von Blut und Tränen versunken war.

Und im Ganzen: Der 8. Oktober 1813 aber – jenes Allianztraktat von Ried – war ein kühnes Meisterstück bayerischer Politik – war eine Spitzenleistung, wie sie nachher nie wieder erreicht wurde. Doch davon später.

Zunächst einmal erging am 14. Oktober 1813 das bayerische Kriegsmanifest und, so schreibt ein Zeitgenosse:

»Allgemeiner Jubel erfüllte das Land, keine Anstrengung schien zu groß oder zu schwer, das Begonnene zu vollenden.«

Das bayerische Heer zählte einunddreißigtausendsechshundert Mann, und die Österreicher stellten eine Armee von vierundzwanzigtausend Mann, die bis dahin zur Beobachtung Bayerns an dessen Ostgrenze kampiert hatte, unter den Oberbefehl des bayerischen Generals Wrede. In Gewaltmärschen zog diese ansehnliche Streitmacht gen Norden, denn zur mittlerweile entbrannten Völkerschlacht von Leipzig wäre sie ohnehin zu spät gekommen. Von dorther tönte bereits die Siegeskunde, und weil man zudem erfahren hatte, daß Napoleon auf dem Rückzug sei, ging die Überlegung dahin:

Die vom Ringen um Leipzig erschöpften alliierten Truppen würden kaum zu einer wirksamen Verfolgung noch fähig sein und so beschloß man, zur völligen Vernichtung des Franzosenkaisers dem besiegten Napoleon wenigstens den Rückzug abzuschneiden. Dieser Schlag sollte bei Hanau geschehen, und eben davon gibt es eine Spottlegende, die so tut, als wären die Bayern hier wie ein Haufen törichter Operettensoldaten einfach überrannt worden.

Die Wahrheit über jenen 30. Oktober indessen erzählt, daß mit Napoleon beinahe achtzigtausend Mann gen Hanau heranzogen, denen Wrede – er hatte außerdem die französisch besetzte Festung Würzburg abzuschirmen – höchstens vierzigtausend Bayern und Österreicher entgegenstellen konnte. Und gekämpft wurde nicht hasenfüßig, sondern mit äußerster Erbitterung. Tatsächlich wurde Hanau eine der blutigsten Schlachten des korsischen Eroberers. Nach zeitgenössischen Berichten verlor Napoleon an die fünfzehntausend Mann, und Wredes Armee kaum weniger. Wrede selbst war durch einen Bauchschuß schwer verwundet worden.
Doch ohne Zweifel war das Unternehmen an sich fehlgeschlagen. Wären die Alliierten von Leipzig her dem Korsen im Nacken geblieben – was freilich an der Erschöpfung ihrer Truppen scheitern mußte –, dann hätte Napoleon möglicherweise in einer letzten Kaiserschlacht bei Hanau schon sein militärisches und politisches Ende gefunden.
So war der Kaiser nur – allerdings schwer – angeschlagen, aber nicht geschlagen: Und der Krieg ging weiter. Damit jedoch verliert die Feststellung, Bayern habe sich gerade noch einen ehrenvollen Platz in der Front gegen den Eroberer gesichert, auch jeden ironischen Beigeschmack. Denn es wird ja gerne mit spitzem Zeigefinger darauf hingewiesen, wie fragwürdig eigentlich Bayerns Umschwenken gewesen – ein paar magere Tage nur vor der großen Völkerschlacht von Leipzig –, und ob es mit solcher späten Kehrtwendung nicht bloß zum Trittbrettfahrer des deutschen Befreiungskampfes geworden sei.

Nun, immerhin stand Bayern als einziges Rheinbundmitglied noch vor Leipzig auf seiten der Verbündeten. Die Württemberger beispielsweise schlossen ihr Allianztraktat erst am 2. November, als weit klarer schon abzusehen war, daß Napoleon endgültig besiegt werden konnte. Denn vor Leipzig durfte Frankreich trotz der russischen Katastrophe noch immer als ein mächtiger Gegner mit sehr realen Siegeschancen gelten. Schließlich mag auch der Schritt Bayerns die Gemütsverfassung des Kaisers alles andere als gebessert haben. Hatte ja Napoleon vormals über König Max gesagt:
»Er ist ein guter Verbündeter, den ich liebe!«
Und wütende Enttäuschung sprach, als Napoleon kurz nach Leipzig von der Abkehr dieses guten Verbündeten erfuhr und gegen die Königin von Sachsen – Max-Josephs Schwester – gallenbitter tobte:
»Votre frère est le plus grand coquin!« – Zu deutsch:
»Ihr Bruder ist der größte Schurke!«
Doch vor allem ist wichtig: Die Völkerschlacht von Leipzig – in unseren Geschichtsbüchern sicher mit einigem Recht zum nationalen Denkmal hochstilisiert – machte dem Befreiungskampf keineswegs ein Ende. Der verwundete französische Adler schlug noch kräftig mit den Flügeln, und 1814 wurde der Krieg fortgesetzt, mit noch so manchem kleineren Sieg Napoleons. Von dem Korps der Verbündeten stellte Bayern dabei das erste, und zwar mit sechsunddreißigtausend Mann, gemäß den im Vertrag von Ried eingegangenen Verpflichtungen. Schon das war objektiv betrachtet eine ungeheuere Kraftanstrengung dieses nun seit Jahren ohne eigene Schuld stän-

dig in Kriege verwickelten Landes, dem erst 1812 noch der russische Todesmarsch Napoleons dreißigtausend Mann abgefordert hatte.

Das bayerische Kontingent war stets der von dem österreichischen Feldmarschall Fürst Schwarzenberg befehligten Hauptarmee unterstellt. Bereits am 1. Februar 1814 kam es auf französischem Boden bei Brienne zur Schlacht, und ein Flankenangriff des bayerischen Korps Wrede trug entscheidend dazu bei, daß Napoleon – nur sechs Tagesmärsche von seiner Hauptstadt Paris entfernt – ohne Sieg bleiben mußte.

Der alliierte Marsch nach dieser Hauptstadt begann. Wrede – von seiner harten Blessur wie durch ein Wunder wieder genesen – nahm am 12. Februar Nogent sur Seine und schlug am 13. den Marschall Oudinot bei Cuterelles.

Doch der Adler hackte nach seinen Jägern: Am 17. Februar sprengte Napoleon bei Mormant die Avantgarde des Korps Wittgenstein in die Flucht und gewann am 18. gegen den im übrigen sehr tapferen Kronprinzen von Württemberg das Treffen von Monterau. Diese Hiobsbotschaft und andere Pannen trübten ebenso wie das beschwerliche Winterwetter die Siegeszuversicht der Alliierten sehr bedenklich – ja, man befand sich stellenweise bereits auf dem Rückzug. Da bewogen sichere Aufklärungsergebnisse den Fürsten Schwarzenberg zur Kehrtwendung, und am 27. Februar lieferte der österreichische Feldmarschall mit den Korps Wrede und Wittgenstein dem Marschall Oudinot das siegreiche Treffen von Bar sur Aube – wodurch, wie ein Berichterstatter schrieb – –

»– – Der gebeugte Geist der Hauptarmee wieder gehoben wurde.«
König Max aber ernannte seinen General Wrede, der bei Bar sur Aube den linken Flügel geführt hatte, zum königlich bayerischen Feldmarschall. Und Wrede hat diese Anerkennung gerechtfertigt.
Während auf Frankreichs Boden die Waffen sprachen und noch immer keine letzte militärische Entscheidung gefallen war, sprachen dort auch die Diplomaten – auf dem Friedenskongreß von Chatillon, den alliierte und französische Gesandte am 5. Februar eröffnet hatten. Und hätte Napoleon nicht schon in heilloser Verblendung gelebt – ein frühes Beispiel wahnwitzigen Glaubens an den bereits unmöglichen Endsieg –, hätte Napoleon den in Chatillon gebotenen Präliminarfrieden angenommen, dann wären ihm wohl Thron und Land geblieben.
So mußten die Alliierten ihre Verhandlungen mit einem bar jeder Einsicht gewordenen Gegner endlich abbrechen. Man schrieb den 19. März – und schon am 20. März begannen sich bei Arcis sur Aube die Figuren zum letzten Akt zu ordnen. Dort erlag Napoleon einer zweiten Wahnvorstellung mit seinem störrischen Glauben an eine sich zurückziehende alliierte Hauptarmee. Er gab den Befehl zum Vorrücken und brachte damit die zweitägige Schlacht von Arcis sur Aube in Gang. Dazu ein paar Notizen von Beobachtern dieser Tage:
»Um ein Uhr wurde mit drei Schüssen aus Zwölfpfündern dem Wredeschen Armeecorps das Zeichen zum Angriff gegeben.«
Oder:

»Waren sämtlich von der Brigade des Prinzen Karl von Bayern, der an diesem Tage die glänzendste Tapferkeit bewährte.«

Und schließlich das Resümee des Chronisten jener Tage:

»Was der Schlacht von Arcis sur Aube so große geschichtliche Wichtigkeit verleiht, das war der Entschluß, zu welchem Napoleon sich durch sie gedrängt fühlte, nämlich nach der oberen Marne zu marschieren, sich auf den Verbindungslinien der Verbündeten aufzustellen, den Volksaufstand über weite Landstriche zu verbreiten, zugleich die Besatzungen der Festungen an sich zu ziehen und durch das alles die Verbündeten zum Rückzuge zu bewegen. Das möchte gelungen sein, wenn die Verbündeten sich hätten verleiten lassen, Napoleon durch angestrengte Seitenmärsche zu erreichen. Allein, sie gingen in die ihnen gestellte Falle keineswegs.«

Und nach weiteren Kämpfen die kurze, triumphierende Meldung: »Am 31. März des Vormittags fand bei herrlichem Frühlingswetter der Einzug der Verbündeten in Paris statt.«

Napoleon aber, der die Alliierten von seiner Hauptstadt hatte ablenken wollen, war nun buchstäblich selbst zu weit vom Schuß gewesen. Und außerdem hatte das bayerische Korps Wrede gegen ihn den Rücken der verbündeten Hauptarmee gesichert, zwischen Paris und Napoleon lagen die Bayern.

Brienne, Bar sur Aube und Arcis sur Aube – da haben wir die Brienner, Barer und Arcisstraße zu München. Sie erinnern heute noch an die letzte Entscheidung im Ringen um den ersten Sturz Napoleons, und sie erinnern auch an jenen ehrenvollen Platz Bayerns. Denn das bayerische Armeekorps Wrede hat nach dem Urteil namhafter Militärhistoriker Brienne entschieden, hat mit der Erstürmung von Bar den Erfolg des Tages gesichert und beim Schicksalstreffen von Arcis nahezu allein den Kampf ausgefochten.

Jedoch, war seinerzeit Bayerns Haltung überhaupt ehrenvoll, war sie nicht weit eher Verrat an der deutschen Sache, diese zuvor seit Jahren schon bestehende enge Bindung an Frankreich? Nun, hier gilt das einfache Wort: Die anderen hatten und haben leicht reden – die anderen, die damals nicht in Bayerns Haut steckten oder bis heute ein Hineindenken in seine Lage entrüstet von sich weisen.

Bayern stand ja zwischen den Mächten. Nach dem Tode des Kurfürsten Karl Theodor hatte sein Nachfolger Max Joseph und spätere König Max I. im Jahre 1799 ein heruntergewirtschaftetes Land übernommen. Das Bündnis mit Österreich war nur eine Belastung – Wien betrachtete Bayern als Tauschobjekt und wollte Altbayern für die Donaumonarchie kassieren – im Frieden zu Basel hatte 1795 Preußen das Deutsche Reich de facto schon preisgegeben – in der zweiten Koalition gegen das revolutionäre Frankreich wurde das ausgepowerte Bayern mit einhundertzwanzigtausend Österreichern im Lande zum Mitmachen gezwungen – bereits im Sommer 1800 aber überließ dieser Bundesgenosse ganz Südbayern den Franzosen – mit den Wiener Alliierten dann zusammen die Niederlage von Hohenlinden – und am Ende der Frieden von Lunéville oder praktisch die Auflösung des Deutschen Reiches.

Von diesem Reich also konnte Bayern für seinen Fortbestand als Deutscher Staat nichts mehr erwarten und von Österreich noch weniger. Der Versuch des Kurfürsten, eine Schutzvereinigung der kleineren deutschen Staaten zu schaffen, schlug fehl. Allein die stürmende Macht Frankreich präsentierte Bayern einen Vertrag mit der Garantie, den bayerischen Gebietsbesitz zu verbürgen und Ersatz für die verlorene Pfalz zu bewirken. Bayern hat am 24. August 1801 diesen Vertrag unterschrieben, und Frankreich hielt Wort. Geschlossen aber hatte das Bündnis Maximilian Graf von Montgelas, seines Amtes in Bayern »Wirklicher Geheimer Staats- und Konferenzminister«. Er wurde zum kaltblütigen Kapitän eines weißblauen Staatsschiffes, das im politischen Orkan damaliger Zeiten den eigenen Kurs suchen mußte und ohne die Navigationskünste seines Kapitäns nicht bis heute Bayern geblieben wäre.

Jenes Ried aber war die gefährlichste Ecke dieser Krisenschiffahrt, eine Klippe ohne Leuchtturm. Und wurde zum kühnsten Meisterstück bayerischer Politik – Montgelas' Meisterstück. Obwohl auch die Rolle des echten Entscheidens nicht unterschätzt werden sollte, die König Max dabei spielte.

Die Situation in jenem Herbst 1813 aber war so:

Bayern hatte Frankreich einiges zu verdanken: Besonders die Sicherung seiner staatlichen Existenz. Die gebietsmäßige Abrundung zum Mittelstaat über die Zusammenführung all dessen, was historisch, kulturell und wirtschaftlich zum bayerischen Raum gehörte. Als logische Konsequenz hieraus die Erhebung zum Königreich. Schließlich mit Reformen französi-

schen Ursprungs, die Wandlung zum modernen Verwaltungsstaat.
Doch Napoleon war auch ein anspruchsvoller, allmählich bedrückender Schirmherr. Die Lasten seiner um sich fressenden Kriege hatten die Bayern mit zu tragen, und ihr Blutopfer in Rußland markierte auf einem fallenden Stimmungsbarometer den Nullpunkt. Schon der Friede zu Schönbrunn vom Oktober 1809 mit seiner mageren Belohnung bayerischer Dienste hatte den Münchner Hof ziemlich enttäuscht. In der bayerischen Bevölkerung selbst verlöschen die Sympathien für Napoleon, werden zur Verbitterung – und im April 1813 schreibt Kronprinz Ludwig über diese Stimmung seinem Vater:
»Wir sind auf einem Vulkan!«
Sozusagen im Vorfeld von Ried stand auf der einen Seite das Lob Napoleons, der unlängst noch bei einer Parade bayerischer Kerntruppen ausgerufen hatte:
»Meine Herren, das ist großartig, das ist herrlich!«
Dazu – notabene nach der russischen Katastrophe – die ständig wiederholte Versicherung des mit König Max korrespondierenden französischen Marschalls Berthier, daß die Glorie seines Kaisers heller denn je strahle. Im April beispielsweise schreibt er:
»Niemals hat Frankreich über so formidable Kräfte verfügt. Ganz Frankreich steht unter Waffen. Es wird ein glorreicher und glücklicher Feldzug werden!«
Außerdem liegen in Bayern selbst noch vier französische Divisionen. Die ernsthaft erwogene Neutralität aber scheitert daran, daß preußische Truppen bereits gegen Franken ziehen und König Friedrich Wilhelm

zu München bestellen läßt, er wolle wissen, ob man in Freundes- oder Feindesland einmarschiere.
Ein erneuter Sieg Napoleons war keineswegs ausgeschlossen und für ein von Frankreich abgefallenes oder auch nur neutrales Bayern mußte dieser Sieg die politische Vernichtung bedeuten. Hatte doch früher bereits Napoleon ein Aufbegehren des Bayernkönigs mit der Drohung beantwortet, er werde dann eben seinen Schwager Murat auf den bayerischen Thron setzen.
Auf der anderen Seite – an der bayerischen Ostgrenze nämlich – stand eigens eine österreichische Armee mit Marschrichtung Bayern in Bereitschaft. Und nun eine Allianz? Mit Österreich, das man 1809 auf bayerischem Boden bei Abensberg und Eggmühl auf sich allein gestellt mit dem Schlachtruf »Bravour et Bavière« einigermaßen glänzend besiegt hatte? Allianz mit Preußen, für dessen Niederlage bei Jena und Auerstedt auch fünfzehntausend Bayern gekämpft hatten?
Aber nicht nur Napoleon – jetzt war auch diese Allianz von beträchtlicher Stärke und obendrein mittlerweile mit napoleonischen Kriegskünsten vertraut. Ihr Sieg war ebenfalls durchaus denkbar und mit ihm wiederum die politische Vernichtung Bayerns so gut wie sicher – entweder durch das einverleibungslüsterne Österreich oder die schon kursierenden Zentralisierungspläne des Reichsfreiherrn vom Stein, der ohnedies die Bayern so gar nicht leiden konnte. Eine verzweifelte Lage, ähnlich aussichtsreich wie die des Mannes auf brennendem Schiff mit seiner Wahl für ein Ende durch Wasser oder Feuer.

So kam es 1813 noch vor dem Krieg der Waffen zum bayerischen Nervenkrieg. Schon im Mai neigte König Max deutlich zum Frontwechsel. Doch der Erfolg Napoleons auf dem Schlachtfeld von Bautzen machte ihn wieder schwankend.

Die kaum noch vorstellbare Nervenanspannung führte beinahe zum Zerwürfnis zwischen Vater und Sohn. So schrieb am 25. Mai der König an Kronprinz Ludwig, den zornmütigen Gegner Napoleons: »Ich bitte Sie, nie mehr mit mir über Politik zu sprechen!«

Und am 12. August führt Wrede die bayerischen Truppen von München weg an den Inn, in einen Aufmarsch gegen Österreich – eines der waghalsigen Kunststücke, die den bereits mißtrauischen Napoleon beschwichtigen und Österreich nicht vergrämen sollen. Denn der König hat dem österreichischen Legationsrat von Hruby während seiner Abschiedsaudienz erklärt: »Ich greife Österreich gewiß nicht an, wenn es mich nicht erdrückt!«

Zudem hatte Wrede in Braunau mit den Österreichern auf der Gegenseite Waffenruhe vereinbart.

Aber wenige Tage später, am 28. August, erringt Napoleon bei Dresden einen beachtlichen Sieg über die Allianz und macht fünfundzwanzigtausend Gefangene.

Da gratuliert sich König Max, weil er noch nicht endgültig mit Österreich paktiert hatte.

Aber dann wieder Erfolge der Verbündeten – bei Kulm an der Katzbach, bei Großbeeren. Am Münchner Hof neigt sich die Stimmung erneut den Alliierten zu, und diese Neigung wird noch beschleunigt durch

die Niederlage des französischen Marschalls Ney bei Dennewitz am 6. September, wo noch dazu Neys bayerischem Kontingent übel mitgespielt wurde.
Die Spannung wächst – Frankreich verharmlost in München seine jüngsten Fehlschläge – Briefe der drei Monarchen von Rußland, Österreich und Preußen bedrängen Bayern – echt russisch, honigsüß und sogar freundschaftlich, nennt König Max die drei Schreiben. Er selbst leidet an seiner einst geschworenen Treue zu Napoleon und klagt noch am 1. Oktober seine Not dem Kronprinzen:
»Seit acht Tagen habe ich keine Ruhe, weder bei Tag noch bei Nacht!«
Aber am 3. Oktober beginnen in Ried die Verhandlungen für das Allianztraktat, während der französische Gesandte in München, Graf Mercy, noch immer glaubt, es gehe allenfalls nur um eine Waffenruhe zwischen Bayern und Österreich. So geschickt war dieses Spiel gespielt.
Aber eigentlich und am Ende war es doch ein Sieg der Treue. Denn im April hatte König Max seinem Sohn geschrieben:
»Ich bin weder französisch noch russisch, noch preußisch, noch österreichisch – ich bin bayerisch!«
Und im Mai gelobte Kronprinz Ludwig seinem Vater:
»Ich bin nicht österreichisch noch russisch, aber glühend bayerisch!«
Und kühl bekannte später des Königs Minister über sich selbst:
»Graf Montgelas hat nie eine ausgesprochene Vorliebe gehabt, weder für Frankreich noch für eine

andere Macht. Er hat sich mit Frankreich verbündet, weil er dadurch die Interessen seines Landes zu fördern glaubte. Aus dem gleichen Grunde hat er 1813 Frankreich verlassen, ohne Erbitterung, ohne Haß oder Leidenschaft.«

Ja, so viel über die Kunst des Absprungs. Bayern hat sie leider nie wieder geübt – und ist sitzengeblieben.

Nun, wer sitzenbleibt, schont seine Kräfte – auch das ist ein Trost. So zählt eben das Abspringen oder das Aufspringen im Sinne von Hochfahren nicht gerade zu den hervorstechenden Merkmalen des bayerischen Gemüts. Wär's anders, dann säßen die Bayern wohl kaum schon derart lange auf ihrem angestammten Sitz nördlich der Alpen. Hier sind sie hockengeblieben, niemand konnte sie vertreiben. Doch ein fester Sitz gibt auch den festen sicheren Halt auf dem eigenen Boden, und von solch einem Standort in der Welt gehen oft weitere und dauerhaftere Wirkungen aus als von einem Sprungbrett mit seiner Landung im Ungewissen und dem Verlust des Bodens unter den Füßen.

Dennoch sollte man sich nicht täuschen. Der Bayer schluckt vieles, teils aus Bequemlichkeit, teils aus echter Liberalität und seiner praxisbezogenen Philosophie, daß sich das Aufstehen lohnen müsse. Er betrachtet beinahe genüßlich den Anstieg seines inneren Verdrußpegels und irgendwann – wenn es der Quälgeist, der listige Ausnutzer, der unbekümmerte Salontrampler und übermütige Schindludertreiber am allerwenigsten erwartet –, fährt er doch in die Höhe. Und so der Bayer einmal nimmer sitzenbleibt, sondern aufsteht, kann's mittendrin ungemütlich

werden. Das ist spätestens dann der Fall, wenn er das bestimmte Gefühl hat, einem Partner – sei es der eigene Fürst gewesen, ein Kaiser und sein Reich, seien es Republik oder Bund – nur noch den Deppen abzugeben.
Doch ansonsten ist ruhiges Beharren das rechte Wetter für bayerisches Gedeihen und darum

Der Betrachtung neunter Teil
das ist
Unentwegtes Bayern

Vor etlichen Jahren fuhr ich mit einer Reisegesellschaft durch Südtirol. Das Wetter war schön, im Omnibus herrschte die dementsprechende Temperatur, und eine nette Fremdenführerin bemühte sich an ihrem Mikrofon, die schläfrigen Passagiere so gut wie möglich wach zu halten. Sie erklärte die Gegend und ihre Sehenswürdigkeiten und plötzlich – irgendwo auf der Straße zwischen Meran und Bozen – sagte sie:
»Genau hier – an dieser Stelle – meine Damen und Herren, ist einmal die bayerische Grenze verlaufen!«
Einige im Omnibus haben auch das verschlafen – andere glaubten, nicht recht gehört zu haben – etliche sagten:
»Donnerwetter, schau mal die Bayern an!«
Und wieder ein paar andere nickten melancholisch. Sie wußten das schon, wußten, daß dies nicht nur eine

artige Geste unserer Fremdenführerin war, und sie wußten obendrein, daß einmal die Grenze des Herzogtums Bayern noch viel weiter südlich verlief, daß Verona bayerisch gewesen ist, als die gleichnamige Markgrafschaft im Jahre 952 an Bayern gefallen war. Ja, das ist lange her, und im Norden verlief damals die bayerische Grenze bei Eger.

Und wenn Sie heute die Autobahn Richtung Wien fahren, dann sollten sie nach etwa hundert Kilometern hinterhalb Salzburg einen kleinen Abstecher machen und das Stift Kremsmünster besuchen. Es lohnt sich in vielerlei Hinsicht, und außerdem werden Sie über dem Portal eine in Stein gehauene lateinische Inschrift entdecken, die besagt, daß dieses Stift im achten Jahrhundert einen bayerischen Herzog zum Gründer hatte – Tassilo war es, seines Namens der Dritte. Östlich von diesem Kloster aber bis zum heutigen Wien lag all das Gebiet, das wir nun selbstverständlich als einen Teil des deutschen Raumes betrachten, seinerzeit jedoch von den Avaren besiedelt war. Wenn Sie dann südwärts ins österreichische Bundesland Kärnten fahren und in Millstadt den alten Dom durchstreifen, so finden Sie dort an vornehmer Stelle ein immer noch deutlich erkennbares bayerisches Rautenwappen. Denn auch Kärnten war ja einmal bayerisch.

Das alles ist, wie schon gesagt, lange her. Doch unverrückbar bis zum heutigen Tag steht die Tatsache, daß dieses Land im Osten und ebenso im italienischen Südtirol deutsch geblieben ist – dieses von Bayern nicht mit Schwert und Spieß eroberte, sondern mit Kreuz und Pflug friedlich ersiedelte Land. Und geblieben ist für uns der Schluß, daß jener bayerische Staat eine gewaltige Ausstrahlungskraft besitzen mußte, die ihn seine ureigene und zugleich wahrlich deutsche Aufgabe erfüllen ließ, obwohl sie ihm gerade von seiten des Reiches immer wieder erschwert wurde.

Wir kennen die von Karl dem Großen im Jahre 788 heraufgeführte Tragödie des Bayernherzogs Tassilo. Sie brachte mit der Provinzialisierung eines bis dahin kraftvoll eigenständigen Staatswesens die erste entscheidende Schwächung der deutschen Südostpolitik. Bayern bezahlte das im Jahre 907 – vom Reich allein gelassen – mit der Katastrophe von Preßburg, wo im Kampf gegen die ungarischen Reiterheere nahezu die gesamte wehrfähige Jugend des Landes und die Blüte seiner Ritterschaft auf dem Schlachtfeld blieb. Und ohne die kaiserliche Schwächung Bayerns wäre ein Menschenalter später die blutige Ungarnschlacht auf dem Lechfeld tief im Westen nicht nötig gewesen.

Trotzdem, noch in den letzten Jahrzehnten des ersten Jahrtausends kommt aus diesem schwer angeschlagenen Bayern die zweite Welle einer wiederum erfolgreichen Ostkolonisation. Doch im Jahre 976 wird Kärnten vom bayerischen Herzogtum getrennt und 1156 dann hält es die höhere Weisheit kaiserlicher Reichspolitik für richtig, auch die Mark Österreich bis hin gegen Preßburg von Bayern zu separieren. Damit war der europäisch bedeutsame Traum ausgeträumt, der Traum von einem starken bayerischen Herzogtum, das als fest fundierter, schier monolithischer Eckpfeiler des Abendlandes im Osten seine schirmende und bewahrende Aufgabe erfüllt hätte.

Das Land selbst war zu einem Binnenstaat geworden.
Noch einmal versuchte es auszugreifen unter Kaiser Ludwig dem Bayern im vierzehnten Jahrhundert. Ludwigs viel umstrittene, abenteuerliche, doch in manchen Zügen jedenfalls bewundernswerte Politik zeigte sogar Ansätze zu einer bayerischen Großmacht. Der Glanz aber währte nur kurz, war zum baldigen Erlöschen verurteilt nicht zuletzt deshalb, weil dieser bayerische Stamm keine imperiale Ader besitzt, seinen Boden nur im allmählichen Vorwärtsroden gewinnt und in Brückenköpfen ohne Verbindung zur Stammesheimat kraftlos dahinkümmert.
Schon der Sohn des Bayernkönigs – Ludwig der Brandenburger – sagte, als ihm die bayerische Erwerbung im Norden Deutschlands vom Böhmenkönig und späteren Kaiser Karl IV. streitig gemacht wurde: »Seit langem,« so wurden seine Worte überliefert, »seit langem sorgte ich mich, wie ich dieses Volkes und der abscheulichen Gegend auf schickliche Art ledig werden möchte; nun brauche ich mich, Gott sei Dank, nicht mehr darob zu kümmern.«
Immerhin, ganz Tirol bis Meran war noch einmal bayerisch geworden. Aber auch das ging teils durch Bruderzwist, teils durch Ränke der kaiserlichen Reichsgewalt noch im gleichen vierzehnten Jahrhundert verloren, an dessen Ende Bayern dasteht als ein zwischen Kaiser Ludwigs Nachkommen zerhadertes Herzogtum, wenn auch in einzelnen seiner Teile – wie etwa Landshut – nicht ohne Pracht und Ansehen. Die damalige Geschichte überschauend aber muß man hinzufügen, daß – als Bayern machtlos ge-

worden war – die Sache des Reiches auch nicht mehr zum besten, geschweige denn besser stand.

Von einem bayerischen Wirken, das auch in den Annalen Europas Erwähnung findet, kann erst wieder gesprochen werden, nachdem 1506 das Primogenitur-Gesetz die Kräfte der verbliebenen bayerischen Stammlande zusammengefaßt und ihren Fortbestand gesichert hatte. Freilich, von einer Ostpolitik Bayerns war nun keine Rede mehr. Doch das kultivierende Potential dieses unentwegten Bayern war noch wie ehedem vorhanden und suchte nach Ventilen. Und so geschah es.

Wie als Ergebnis umgelenkter Kraftlinien zog ein bayerisches Zeitalter der Künste herauf, das dann für Jahrhunderte Stellung und Rang dieses Landes und Staates als Kulturstaat bestimmte.

Es gibt – schon vom antiken Athen her wird uns das überliefert –, es gibt ein inneres Überlegenheitsbewußtsein des an äußerer Macht armen Kulturstaates. Ähnliches gilt für das Bayern der neueren Geschichte. Der Traum von einer politischen Größe dieses Landes war aufgegeben. Er flackerte nur für kurze Zeit noch auf in den ehrgeizigen Plänen des Kurfürsten Max Emanuel, im kaiserlichen Trauerspiel Karls VII. – im ganzen aber herrschte hierzulande trotzdem das Gefühl, daß man etwas war, denn die kulturelle Leistung Bayerns hatte ihm weit über seine Grenzen hinaus Achtung verschafft. Hand in Hand damit konnte der politische Rang nur jene Stufe erlangen, die noch ohne den Titel des Eroberers erreichbar ist, weil kulturelle Aktion und politische Expansion immer einander ausgeschlossen haben.

Dennoch: Kurfürst Maximilian I. war eine Figur der europäischen Politik, doch ohne nach größeren Würden zu streben als nach dem Kurhut. Sein Sohn Ferdinand Maria bereits schlug die Kaiserkrone aus. Bei der Abwehr türkischer Eroberungsgelüste von Europa spielte Bayern eine entscheidende Rolle. 1806 brachte die Königswürde – fast möchte man sagen, brachte sie wieder, da sich vor tausend Jahren schon Ludwig der Deutsche als König von Bayern bezeichnet hatte – 1815 wurde Bayern auf dem Wiener Kongreß bei der Neuordnung Europas nicht nur im Vorzimmer abgefertigt, es zählte offiziell zu den Mittelmächten. Wie gesagt, man war etwas, auch politisch, wenngleich in bescheidenem Rahmen, ein gutes Teil von Deutschland war man und ein anerkanntes, handelndes Stück Europa.

Das blieb auch so bis 1866, als Bayern den Deutschen Bund – diese von außen unbezwingbare, allen Nachbarn aber Vertrauen einflößende friedliche Schöpfung eines großen Deutschland unter Einschluß Österreichs –, als Bayern diesen Deutschen Bund gegen die Zerstörung durch Deutsche selbst bis fünf Minuten nach zwölf verteidigte. Daß von da an Deutschland eine neue kulturelle Blüte verzeichnet habe oder daß politisch eine Schöpfung von geschichtlich nennenswerter Dauer gefolgt wäre – das wird wohl niemand behaupten können.

Trotzdem, auch nach der Gründung des Deutschen Reiches vom 18. Januar 1871 war es noch nicht so weit, wie es der damalige bayerische Ministerpräsident von der Pfordten befürchtet hatte, als er unter diesem Datum in sein Tagebuch schrieb:

»Finis Bavariae – das ist das Ende Bayern!«
Bismarck wollte ja nach seinen eigenen ausdrücklichen Worten kein verdrossenes Bayern im Reich haben. Er warf ganz bewußt nicht alles in einen Topf, wie das heute geschieht, wenn von einem kleinkarierten Föderalismus die Rede ist und so getan wird, als hätte das Saarland etwa die gleiche Bedeutung wie das zwanzigmal so große Bayern. Bismarck hatte ja noch 1865 an den preußischen Gesandten in München geschrieben: »Bayern ist der einzige deutsche Staat, dem es durch materielle Bedeutung, durch die bestimmt ausgeprägte Stammeseigentümlichkeit und die Begabung seiner Herrscher gelungen ist, ein wirkliches und in sich selbst befriedigtes Nationalgefühl auszubilden.«
Dieses Wort ist einigermaßen bekannt. Weniger bekannt ist aber, daß Bismarck im gleichen Brief dann fortfuhr, wohlgemerkt – nicht etwa in einem Schmeichelbrief an einen bayerischen Politiker, sondern in jenem Brief an seinen eigenen preußischen Gesandten –, daß er dann fortfuhr: »Die Bedeutung Bayerns steht nicht hinter der der anderen europäischen Staaten zurück, welche selbständig in Europa bestehen, ohne sich an einen Bund anzulehnen und ohne eine Verletzung ihrer Unabhängigkeit zu besorgen.«
Aus dieser Einstellung heraus behielt Bayern auch im zweiten Deutschen Kaiserreich Rechte, und zwar Sonderrechte, die als Kennzeichen eines souveränen Staates gelten. Die eigene Eisenbahn beispielsweise, die gar nicht so bimmelig war, wie sie später verspottet wurde. Schon im Jahre 1907 besaß sie – von einem

einheimischen Werk gebaut – mit einhundertfünfundfünfzig Stundenkilometern Spitzengeschwindigkeit die damals schnellste Dampflokomotive der Welt, und die Fahrplangestaltung dieser Bahn galt als vorbildlich. Zudem lagen vor Beginn des ersten Weltkrieges Pläne vor, das landeseigene Bahnnetz zügig zu elektrifizieren und im Bereich der Nebenbahnen die einzelnen Stichstrecken zu einem Netz zu verdichten. Und nicht zuletzt: Bei der Gewährung günstiger Tarife für seine verkehrsabgelegenen Gebiete konnte das Land selbständig handeln.

Eigene bayerische Postverwaltung: Sie hatte die erste deutsche Briefmarke geschaffen, in München die erste deutsche Selbstwählvermittlung errichtet und 1905 die erste Kraftpostlinie Europas eröffnet.

Ferner: Der eigene Oberbefehl über das bayerische Heer im Frieden. Hätte ihn die Weimarer Republik belassen, so wäre es wahrscheinlich noch im März 1933 möglich gewesen, Hitler an der Machtergreifung im keineswegs unibraunen Bayern zu hindern, damit diese Flut überhaupt zu brechen und so von Deutschland insgesamt – ja von der ganzen Welt – namenloses Unheil abzuwenden.

Schließlich das bayerische Sonderrecht, im Ausland eigene diplomatische Vertretungen zu unterhalten – nach dem ersten Weltkrieg ebenfalls beseitigt: Vor allem darüber wurde seinerzeit viel gelästert. Wie sehr uns aber gerade heute wieder eine meinetwegen modifizierte Möglichkeit fehlt, wenigstens mit unseren ausländischen Anrainern unmittelbare politische Kontakte zu pflegen, das erweist sich an dem Beispiel jenes einsamen ostbayerischen Landrats, der – in den

sechziger Jahren schon, lange vor einer so viel gerühmten Entspannungspolitik des Bundes – auf eigene Faust die für sein Gebiet nachgerade lebensnotwendige bessere Nachbarschaft mit der CSSR ohne Unterwerfung einleiten wollte und in der Tat so manches gutnachbarliche Einvernehmen bereits erreicht hatte – während vom Bonner Auswärtigen Amt die Order nach München erging: »Pfeift euern wildgewordenen Landrat zurück!«
Andererseits erlebte ich in einer bundesdeutschen Auslandsvertretung – nur wenige hundert Kilometer von München entfernt –, daß der dort für Wirtschaftsfragen zuständige Legationsrat von einem Projekt wie etwa dem des Rhein-Main-Donau-Kanals keine Ahnung hatte. Wie soll von solchen Diplomaten unser Interesse an einer ausländischen Mitfinanzierung dieser europäischen Wasserstraße vertreten werden?
Da fällt mir grad noch ein:
Es war noch vor der Gründung des zweiten Deutschen Kaiserreichs, und am Hofe eines auswärtigen Souveräns fand ein abendlicher Diplomatenempfang statt. Der alte Herr dort litt aber an sauerem Aufstoßen, und als nun Seine Majestät sich mit einigen Gesandten in huldvollem Gespräch befand, da entfuhr Allerhöchstdemselben ein unkontrollierter Luftstoß. Geistesgegenwärtig nahm der spanische Gesandte diese Panne auf sich und bat um Vergebung. Seine Majestät nickten erfreut, und kurz darauf passierte es zum zweiten Mal. Jetzt war Frankreichs Vertreter mit einem diplomatischen Liebesdienst an der Reihe, und er versicherte mit einer tiefen Ver-

beugung, daß er untröstlich sei. Der geplagte Souverän zeigte sich wiederum befriedigt, was nicht verhindern konnte, daß wenig später abermals ein Malheur geschah. Nun überlegte der preußische Gesandte, daß auch er etwas tun müsse und prompt erscholl seine sporenklirrende Beteuerung: »Majestät, für diesen und die nächsten fünf kommt die preußische Regierung auf!«

Sicherlich nur eine Erfindung, aber gut. Und bezeichnend halt, daß man es offenbar nur so und nicht anders erfunden hat. Und wohl für keinen anderen deutschen Volksstamm erfinden konnte.

Jedenfalls wirft die kleine Anekdote ein kurzes Streiflicht auf die Frage, ob es nicht vielleicht ein Unglück war, daß die deutsche, die gesamtdeutsche Außenpolitik seit 1871 nahezu ausschließlich der Diplomatie des preußischen Charmes anvertraut war. Denn Satzgebilde wie »alles mal kurz herhören«, »immer feste druff«, »nur nicht lange gefakkelt« oder »nischt wie direktemang ran«, sind ja nicht etwa dem bayerischen Sprachgebrauch entnommen und mögen mitunter ganz nützlich sein – doch auf dem diplomatischen Parkett wirkt ein an solch forschen Lauten geschulter und sich ergötzender Volkscharakter nicht unbedingt verbindlich.

Das bayerische Gemüt hingegen ist von Natur aus diplomatisch veranlagt. Schon der von keinem Salon polierte Bauer nämlich fällt hierzulande niemals mit der Tür ins Haus, wenn er auf dem Verhandlungswege etwas erreichen möchte. Das harmlos ausgedehnte Drumherumreden um den eigentlichen Zweck eines Besuches, das stumme Zuhörenkönnen so lange, bis der andere alle Luft abgelassen hat, das oft schier hartnäckige Festhalten am Diskurs übers Wetter und endlich, daß in Bayern auch der einfachste Mensch eine gleich zur Gesprächseinleitung direkt gestellte Frage als bare Unhöflichkeit empfindet – das alles ist klassisch bayerische Art. Manchmal wohl auch ein bisserl hinterkünftig, taugt aber im ganzen als verfeinerter Zug des Volkscharakters sogar auf höherer Ebene vortrefflich für die erfolgreiche Lösung politischer Probleme.

Und weil wir Bayern im Ausland nichts mehr verhandeln dürfen, müssen wir zum Nachweis unseres diplomatischen Naturtalents auf die den Bayern blutsverwandten Österreicher deuten. Wie sich dieses Österreich als Heimat und jubelnder Bewunderer Hitlers mit purer Diplomatie aus der Affäre des zweiten Weltkrieges gezogen hat und für diese Welt vom besetzten zum befreiten Land wurde – das war eine Glanzleistung des Redens und Schweigens jeweils zur rechten Zeit.

Wenn man bedenkt, daß 1938 reichsdeutsche Autofahrer in Tirol einen Zettel an die Windschutzscheibe gesteckt bekamen, auf dem zu lesen stand: »Wir hoffen, daß beim nächsten Besuch auch Ihr Wagen einen Hakenkreuzwimpel führen wird!« – Noja – –

Aber zurück zum Thema.

Nun, jenes Deutsche Reich kleindeutscher Nation wurde trotz oder wahrscheinlich sogar wegen seiner noch weitgehend föderativen Gliederung zu einer der stärksten Weltmächte seiner Zeit, vor allem auch auf wissenschaftlichem Gebiet. Nicht einmal militärisch bedeutete diese Gliederung eine Schwächung, denn die rein militärische Leistung des deutschen Heeres im ersten Weltkrieg war um nichts geringer als die der großdeutschen Wehrmacht des absoluten Einheitsstaates im zweiten Weltkrieg – ja, die Heimkehrer des Jahres 1918 konnten immerhin den Ruhm mit nach Hause nehmen, daß kein ausländischer Soldat deutschen Boden betreten hatte.

Und hier mag unser Partner fragen: Was eigentlich soll wieder der ganze historische Rückblick?

Noja, er sollte nur zeigen, daß Bayern seit seiner Entstehung als Staat im siebten Jahrhundert bis in unsere Zeit – mit Unterbrechungen zwar, insgesamt aber doch kontinuierlich – immer etwas gewesen ist, etwas vorstellte und damit zu den ältesten, ununterbrochen erhalten gebliebenen Staatswesen unserer Erde gehört. Schon allein darum verdiente Bayern, unter politischen Denkmalschutz gestellt zu werden. Doch obendrein müssen wir erklären, daß es um die Sache Deutschlands, um all das, was den deutschen Namen in aller Welt achtens- und liebenswert machte, niemals schlecht, sondern besser bestellt war, wenn Bayern in diesem Deutschland den ihm gebührenden Rang einnehmen konnte.

Natürlich knüpft sich daran die Frage nach der heutigen und künftigen Stellung Bayerns. Das Grundgesetz unserer Bundesrepublik Deutschland trägt ohne Zweifel einen ausdrücklich föderativen Charakter. Er ist die praktische Schlußfolgerung aus der Tatsache, daß vier Jahre vor der Gründung dieser Bundesrepublik der bis ins Letzte zentralisierte deutsche Einheitsstaat einen beispiellosen Zusammenbruch erlebt hatte. Als Kronzeuge für die Selbst-

verständlichkeit dieser Schlußfolgerung darf Bundeskanzler Konrad Adenauer gelten, der – wie seinen Memoiren zu entnehmen ist – am 31. Oktober 1945 geschrieben hat: »Die Schaffung eines zentralisierten Einheitsstaates wird nicht möglich, auch nicht wünschenswert sein, der staatsrechtliche Zusammenhang kann lockerer sein als früher, etwa in der Form eines bundesstaatlichen Verhältnisses.«
Diese Vorstellung ist verwirklicht worden, und niemand kann leugnen, daß die Bundesrepublik trotz ihres oder gerade wiederum wegen ihres föderativen, zum Wettbewerb der Teilhaber untereinander anfeuernden Charakters in die Spitzengruppe der Weltwirtschaftsmächte aufrückte.
So weit also könnten wir zufrieden sein, doch starke Kräfte der Bonner Politik sind es, die das föderative Element dauernd in Frage stellen. Die Versuche, das den Ländern verbliebene Recht auszuhöhlen, zu schmälern, zu durchlöchern, reißen nicht ab. Taucht irgendwo eine Schwierigkeit auf – sei es in der Wirtschaft, im Verkehrswesen, in der Forschung, in der Gesundheitspolitik oder Raumplanung –, immer wird dafür der Föderalismus verantwortlich gemacht. Dabei hat meines Wissens noch niemand auch nur den Schein eines Beweises dafür erbringen können, daß etwa die Schaffung eines Bundeskultusministeriums den deutschen Bildungsstand über das Niveau anderer Staaten hinaus anzuheben vermöchte. Es wäre um unsere Kulturpolitik wesentlich schlechter bestellt, wenn sie nicht die Gemeinschaft der Länder als gleichrangigen Widerpart hätte gegen die ebenfalls ausgabenzehrenden Probleme, die der Bund

zu bewältigen hat. Und vergessen wir doch nicht, trotz aller von Hitler verschuldeten Diskriminierung des deutschen Selbstbewußtseins: Was in den vergangenen Jahrzehnten die Welt an technischen Paradestücken zu sehen bekam – an jeder Lösung fast waren Menschen und Ideen deutscher Herkunft beteiligt, deutscher Herkunft aus einem föderativ geordneten Kulturbereich des Abendlandes.

Wie jedoch soll der bei uns von Bundespolitikern so oft beklagte Mangel an Staatsbewußtsein behoben werden, wenn von den gleichen Politikern die Verfassung dieses Staates – dieses Bundesstaates – und eines ihrer Grundprinzipien, die föderative Idee – immer wieder als fragwürdig hingestellt wird? Warum lehren sie statt dessen nicht den Stolz auf die Verfassung eines Staates, der doch auf dieser Verfassung so gegründet wurde, daß er selbst Anlaß zu einigem Stolz bietet?

Ich erinnere mich da eines Vortrags, den ein Schweizer Diplomat vor einem Kreis Münchner Journalisten hielt. Er schilderte dabei die lange Reihe föderativer Sicherungen, die in seiner Heimat beim Zustandekommen eines Gesetzes wirksam werden – deutsche Diplomaten im Ausland pflegen unseren Föderalismus mit einem maliziösen Lächeln zu schildern –, dieser Schweizer jedoch sagte am Ende seiner Ausführungen: »Wir betrachten das als einen Vorteil!«

Nun, in Deutschland gehört es wohl zum Schicksal des Föderalismus, daß er verteidigt werden muß, zum Besten Deutschlands. Doch woher soll diese Verteidigung kommen?

Von dorther, wohin die meisten Pfeile abgeschossen werden, und das ist nun einmal die bayerische Ecke. Das aber setzt ein seiner Stellung bewußtes Bayern voraus, und Bewußtsein hat mit Wissen zu tun. Das jedoch liegt sogar bei vielen der hier geborenen Landsleute im argen.

Da fuhr ich in der Münchner Trambahn. Hinter mir saßen zwei junge Leute, ihrer Unterhaltung nach waren es offenbar Studenten, der eine aus Hamburg, der andere aus München. Sie stritten sich freundschaftlich über irgend etwas, und plötzlich sagte der Hamburger: »Na, warte nur, wenn wir in Hamburg den Laden dichtmachen, dann bekommt ihr in Bayern keine Apfelsinen mehr!« Sein bayerischer Kommilitone lachte verlegen, und das war alles. Er wußte nichts zu antworten, wußte nicht, daß ein erheblicher Teil der für Deutschland bestimmten Südfrüchte über den Münchner Großmarkt importiert wird.

Das ist nur eine winzige Illustration des Nichtwissens, das den Bayern seit etlichen Menschenaltern geradezu planmäßig anerzogen wird. Das Resultat dieser mit dem Serum des Minderwertigkeitskomplexes vorgenommenen Reihenimpfung gegen die weißblaue Föderalinfektion – das Resultat ist die heute weitverbreitete Meinung, daß Bayern ein von Reich oder Bund ganz und gar abhängiges Gebilde darstellt, mit dem schier musealen Staatsbewußtsein eines Duodezländchens und – entgegen einer vielhundertjährigen Erfahrung – eben doch nichts ist. Daß Bayern aber noch immer etwas ist, wieder etwas bedeuten wird und noch mehr bedeuten könnte, das läßt sich beweisen.

Ein Duodezländchen?
Wenn der Regierungschef oder Außenminister eines Staates wie Holland, Belgien oder sogar Luxemburg eine Erklärung abgibt, dann wird sie international mit Respekt vernommen, und das zu Recht. Aber, diese drei Beneluxländer zusammengerechnet sind ihrem Flächeninhalt nach immer noch kleiner als Bayern. Allein im freien Teil Europas haben wir neun souveräne Staaten, die nach Fläche oder Bevölkerungszahl annähernd gleich – wie etwa Portugal und Österreich – oder nur halb so groß wie Bayern sind – wie etwa die Schweiz und Dänemark. Gar nicht zu reden von der Vielzahl brandneuer exotischer Republiken, deren Oberhäupter bei uns mit allen protokollarischen Ehren empfangen werden und bei den Vereinten Nationen sehr selbstbewußt auftreten, obwohl hinter ihnen oft weniger steht als das Potential eines einzigen der sieben bayerischen Regierungsbezirke. Und: Von einhundertneununddreißig in einem neueren Atlas aufgeführten Ländern der Erde haben siebenundneunzig eine geringere Bevölkerungszahl als Bayern.
Wenn man aber die USA, die erste Wirtschaftsmacht unserer Welt, als föderatives Vorbild anführt – und die Einzelstaaten haben dort ja weit mehr Rechte als bei uns –, dann erhält man oft die Antwort: »Ja, das sind auch ganz andere Dimensionen!« – Irrtum: Unter den fünfzig Bundesstaaten der USA sind flächenmäßig dreizehn kleiner als Bayern, und nur drei erreichen oder übertreffen die bayerische Bevölkerungsziffer. Demnach hat Bayern doch ein ganz präsentables Mittelformat.

Aber auch generell besteht kein Grund, über die kleineren Staaten, in Europa wenigstens, die Nase zu rümpfen. Dänemark rühmt sich einer vorbildlichen Landwirtschaft, die Schweiz nennt sich mit Stolz das Land der Schulen, Belgien hat das dichteste Eisenbahnnetz Europas, und Holland firmiert unwidersprochen als der potenteste Transporteur für die ganze Welt. Und weithin ist nichts davon bekannt, daß die Großmächte des klassischen Zentralismus ähnliche Hochleistungen des Friedens aufzuweisen hätten.
Gehen wir ein Stück weiter, zur Frage der bayerischen Abhängigkeit: Freilich, die Zeiten, da Bayern schon deshalb als reich gegolten hat, weil hier Salz und Schmalz in Fülle vorhanden waren – diese Zeiten sind längst vorbei. Die sich rasch entwickelnde Technik des neunzehnten Jahrhunderts brachte die Herrschaft von Kohle und Stahl, und wer keines von beiden besaß, der war zur Armut oder doch zumindest zur Abhängigkeit von den Besitzern dieser Güter verurteilt. Letzteres gilt für Bayern, das tatsächlich mit der Drohung eines gedrosselten Kohle- und Eisenstroms aus dem Ruhrgebiet jederzeit eingeschüchtert werden konnte. Dazu kam noch seine küstenferne Lage, die im Zeichen des aufblühenden Welthandels, der nun einmal über die Meere geht, um so negativer zu Buch schlug.
Allein, auch dieses Zeitalter ist im Abklingen. Der heute vorrangige Energieträger Öl steht seit den sechziger Jahren für das Binnenland Bayern nicht anders zu Gebote wie lange Zeit nur für die Nachbarn von Tankerhäfen. Gleiches gilt für die Energiequelle Erdgas. Ferner ist die große Energiehoff-

nung Atomkraft in Bayern keineswegs mehr oder weniger von Standorten abhängig als anderswo. Und so weit die gute alte Kohle wieder an Bedeutung gewinnt – der Warnschuß arabischer Ölscheichs im Winter 1973/74 war sozusagen aus einer Startpistole gefeuert –, kommt das schwarze Gold über die künftige Großschiffahrtsstraße Rhein-Main-Donau weit günstiger mitten ins bayerische Land als früher.

Damit aber noch ein Wort über diesen Schiffahrtskanal: Es hätte um den Absatz der Ruhrkohle in Bayern schon besser gestanden, wenn man den Bau dieser Wasserstraße nicht so lange gerade von dort aus gebremst hätte, woher man die Kohle verkaufen wollte. Der Rhein-Main-Donau-Kanal ist eines der klarsten Beispiele dafür, daß eine von Berlin oder Bonn gesteuerte und zwangsläufig nach Westen und Norden orientierte Politik weiß Gott nur selten den bayerischen aber letzten Endes doch ebenso deutschen Belangen gerecht wird. Mit dem Bau dieses Kanals wurde im Jahre 1921 begonnen aufgrund eines Staatsvertrags zwischen dem Reich und dem Freistaat Bayern. Und nach über fünf Jahrzehnten fehlt immer noch ein vergleichsweise lumpiges Reststück bis Regensburg, um den bayerischen Main und die bayerische Donau zu wichtigen Teilen einer auf dreitausendvierhundert Kilometern Länge durchgehend befahrbaren, wahrlich europäischen Großschiffahrtsstraße zu machen – zu einer Verbindung zwischen der Nordsee und dem Schwarzen Meer, zu einer Verbindung zwischen West- und Osteuropa, zu einem Strom von Gütern, der auch mitten durch Bayern fließt.

Was aber geleistet wird, wenn politischer Druck dahintersteckt – nun ja: Binnen knapp sechs Jahren nur wurde in unseren Tagen die Mosel zur modernsten Binnenschiffahrtsstraße ausgebaut.
1965 aber mußte der bayerische Ministerpräsident in einem Interview erklären, daß der Bund in den vergangenen Jahren seinen vertraglichen Verpflichtungen zur Beteiligung an den Baukosten des Rhein-Main-Donau-Kanals nicht in vollem Umfang nachgekommen sei – während andererseits bayerische Bemühungen, für dessen Finanzierung die europäische Investitionsbank zu gewinnen, der Bund vereitelt habe. Und zur gleichen Zeit legte der Bund ein Milliardenprogramm für die Verbesserung des norddeutschen Wasserstraßennetzes vor, darin allein siebenhundertsechzig Millionen Mark für den Bau des Nord-Süd-Kanals im Bereich Hamburgs.
Gleichwohl, die Verkürzung der bayerischen Wege zu den Meeresküsten ist nicht aufzuhalten. Im Welthafen Rotterdam können bereits Schiffe aus Nürnberg festmachen. Über die Alpen hinweg auf Straßen und modernisierten Schienenwegen rücken Mittelmeerhäfen in den bayerischen Interessenbereich. Und wer diesen Tatsachen einen Traum anfügt, kann sich ausmalen, daß ebenso wie schweizerische Handelsschiffe – die Schweiz unterhält immerhin in fremden Häfen eine eigene Hochseehandelsflotte von über zweihunderttausend Bruttoregistertonnen – auch Transporter unter bayerischer Flagge die Meere befahren. Doch das geht leider nicht, weil wir vom Wilhelm Tell zu häufig nur den Vornamen übernommen haben. Dabei existiert seit 1970 sogar eine rein Baye-

rische, in München/Hamburg behauste Hochseereederei – die Cosima-Gruppe –, die mit ihren Schiffen von insgesamt dreihunderttausend Tonnen zu den ersten zehn der 120 deutschen Reedereien zählt.
Auch darum also kein Traum, sondern Tatsache: Es gibt so gut wie keine Aufgabe, die Bayern nicht auch ohne den Bund bewältigen könnte – und es gibt mancherlei, was Bayern ohne den Bund besser zu lösen vermöchte.
Daraus folgte: Daß die Existenz dieses Bayern innerhalb der Bundesverfassung eine freiwillige ist, nicht mehr erzwungen von Revier- und Küstenferne – ein freiwilliges Mitgegangensein, nach 1945 auch. Und man sollte mancherlei unterlassen, um die Bayern vom Nachdenken darüber abzuhalten, ob sie nicht wieder einmal mitgefangen worden seien, um dann mitgehangen zu werden.
Ja, vom Denkmalschutz war einmal in diesem Kapitel die Rede, vom politischen Denkmalschutz, unter den Bayern gestellt werden sollte. Das klingt nach Museum und nach verstaubten Vitrinen. Aber auch Begriffe überleben sich selbst oder manchmal verschläft ihren Wandel, wer sie gebraucht. Denn Museen von heute sind lichterfüllte Räume, weisen oft eher in die Zukunft als in die Vergangenheit, weil das Bewahrte zum Bewährten wird, vom reinen Abbild zum Vorbild.
Auch die Heimat ist solchem Wandel unterworfen. Lange stand sie unantastbar auf einem Postament und ihre Berührung mit ungewaschenen Händen glich einem Sakrileg. Dann wurde sie gestürzt, die ätzende Lauge des Hohns ließ ihre Züge verwittern

und ein Zerrbild entstehen, das aus der demolierten Salonhalle des Nationalheiligtums in den Figurenkeller des nachnationalen Lachkabinetts gelangte. Doch Heimat und Religion kann einem Volk wohl genommen werden – niemand aber kann beide töten. Denn als dem Menschen angeborene Urkräfte überleben sie irgendwie, um irgendwann wieder zu leben.

Noch steht die Heimat nicht auf neuem Sockel – und sie soll's auch gar nicht, weil sie mitten unter uns mehr zum Nächsten wird, den wir bekanntlich lieben sollen wie uns selbst. Kein Sockel, nein. Aber man erinnert sich der Heimat wieder auf der Suche nach einem erneuerten Staatsbegriff, der nach seiner Abdankung als Monstrum nun der Verödung zum vollmechanisierten Dienstleistungsbetrieb anheimfällt – wir suchen, weil der Mensch nicht allein von etwas, sondern auch für etwas leben sollte. Und wir sind auf der Suche ebenso nach neuen Grenzwerten, weil der Mensch Grenzen braucht, um nicht schrankenlos zu werden.

Staat indessen, aus freiem Willen geliebt aber und nimmer aus Zwang nur verehrt, gibt es nicht ohne Heimat. Wer dann liebt, will schützen – davon spricht jeder seit Anbeginn der Welt um eine Frauenschulter gelegte Arm – doch Liebe bedarf der Pflege. Und darum also

Der Betrachtung zehnter Teil
das ist
Heimatpflege unter Denkmalschutz

Warum eigentlich ist Englisch eine Weltsprache geworden? Das Mutterland dieser Sprache ist im Grunde doch verhältnismäßig klein im Vergleich zu anderen Ländern oder Staatskolossen, eine Insel nur in der Nordsee, und ein Teil davon – Schottland – behauptet obendrein eigensinnig, daß es genau besehen keineswegs zu England gehöre.
Und trotzdem: Nicht etwa, daß die rund einhundertsechzig Millionen Menschen in den USA englisch sprechen – Englisch ist überdies zu einer Art Latein der Neuzeit geworden, zu einem internationalen Verständigungsmittel. Schon die Seefahrt hat sich der englischen Sprache bedient, und dafür gibt es immerhin noch eine Erklärung: Denn spätestens nach der Zerschlagung jener berühmten Armada des spanischen Königs Philipp II. durch die Engländer im Jahre 1588 war England zur führenden Seefahrernation geworden. Die Fachausdrücke der Schiffs- und Segeltechnik waren englisch, und nicht einmal die großen Verdienste des portugiesischen Prinzen Heinrich – der ja sogar den Beinamen »Der Seefahrer« erhielt –, nicht einmal seine Verdienste um die moderne Navigation konnten daran etwas ändern. England beherrschte die Meere und folgerichtig die Sprache, die auf den Meeren gesprochen wurde.
Man kann es vielleicht als zwangsläufige Folge ansehen, daß dann auch auf einer höheren Verkehrsebene – im Bereich der Luftfahrt – Englisch ebenfalls

zur Umgangssprache geworden ist. Jeder Pilot – ob er nun in einer deutschen, italienischen, französischen, niederländischen oder in einer Maschine sonstiger Nationalität am Steuer sitzt – gibt seine Informationen, Fragen und Berichte an die Flugleitungen in aller Welt ausschließlich in englischer Sprache durch, und er bekommt seine Anweisungen – gleich ob in Europa oder Amerika oder sonstwo – ebenfalls nur in dieser offiziellen Sprache der gesamten Fliegerei. Das aber läßt sich aus der technischen Historie gar nicht mehr so einfach erklären: Denn unter den Pionieren der Luftfahrt waren etwa Franzosen und Deutsche mindestens ebenso anzutreffen wie Engländer und Amerikaner – ich nenne Blériot, Hans Grade, Lilienthal, Zeppelin – von den Erbauern namhafter und bewährter Maschinen ganz zu schweigen: Gleichwohl, jeder Pilot bittet heute um seine Landeerlaubnis in Englisch, und in Englisch bekommt er sie nicht vom Turm, sondern allüberall vom Tower zugesprochen. Warum?

Gestatten wir uns eine sehr einfache Formel: Der Engländer hat sich immer geweigert, jemals eine andere Sprache zu lernen als Englisch.

Ich weiß, das klingt recht primitiv, aber in etwa stimmt es doch, und wir können das heute nach wie vor bestätigt finden. Wenn Sie es beispielsweise in irgendeinem Beruf mit Engländern oder auch Amerikanern in Deutschland zu tun haben – fast jeder, auch wenn er ein paart Worte Deutsch kennen sollte, probiert es zunächst einmal mit Englisch. Der Deutsche dagegen absolut umgekehrt: Er versucht sogar in Südtirol sogleich und eifrig seine paar Brocken

Italienisch anzubringen, die er in einem Schnellverfahren aufgelesen hat nach der Methode: Wenigstens zwei von dreißig Lektionen und hundert von tausend Worten Italienisch. Und mindestens ebenso willig serviert er seine englischen Kenntnisse.
Nun, die Einstellung des Engländers beruht wohl nicht auf nationalem Phlegma, dagegen spricht eindeutig Britanniens Rolle in der Geschichte. Sie beruht meinem Dafürhalten nach weit eher darauf, daß der Engländer seine Sprache liebt. Und das gilt analog für Franzosen und Italiener. Denn es ist doch merkwürdig, daß auf anderen Gebieten auch Französisch und Italienisch international wurden: So verwenden wir in der Technik weithin französische und italienische Ausdrücke, ebenso in der Musik und nicht zuletzt – was uns weniger mit Neid erfüllen sollte – in der Militärsprache. Eine bunte Auswahl, bitte schön: Volt, Ampère, Allegro, Andante, Leutnant und Bataillon. Und das, obwohl nicht wenige Deutsche ebenso nachhaltig an der Entwicklung von Technik, Musik und Militär beteiligt waren. Nur der Begriff Diesel ist international geworden, weil es offenbar nicht einmal einen Russen gibt, der diesen Motor zuvor erfunden hätte.
Der Deutsche hat ein gestörtes Verhältnis zu seiner eigenen Sprache. Es fehlt ihm der rechte Stolz auf dieses Ausdrucksmittel, es fehlt ihm der damit verbundene friedliche Selbstbehauptungswille, und vielleicht sucht er gerade darum – weil doch jede Nation eine gewisse Grundausstattung an Tatendrang besitzt – seine Selbstbestätigung immer wieder im nationalen und schließlich kriegerischen Abenteuer.

Mit dem Fremden an sich verbindet die Deutschen eine Art Haßliebe. Einmal singen sie: »Deutschland über alles«, ließen am liebsten die ganze Welt am deutschen Wesen genesen, durch die Jahrhunderte aber haben sie noch und noch bewiesen, daß sie das Fremde – die fremde Sprache vor allem – für wesentlich besser und feiner halten als die eigene. Denken Sie an die latinisierten Namen des Mittelalters, an die Piscator, Sartorius, Montanus, Aventinus – das hörte sich für deutsche Ohren feiner an als Fischer, Schneider, Berger oder Abensberger. Dann kam die Welle der Italianisierung, später die Überflutung durch das Französische. Niemand wird freilich leugnen, daß die Deutschen von diesen Fremdeinflüssen nicht ebenso ihren Nutzen gehabt hätten, vornehmlich Bayern auch, das den italienischen Nachbarn vieles zu danken hatte. Aber es gibt wohl kein anderes Volk, das sich dem Fremden, vor allem der fremden Sprache so förmlich ergeben hätte wie das deutsche.
Sogar von den eigenen Fürsten wurde dem deutschen Volk die eigene Sprache verächtlich gemacht. Die Erinnerung sei gewagt an den schier bis heute in unseren Geschichtsbüchern geradezu als Genius deutschen Wesens gefeierten Friedrich den Großen von Preußen, der seine Muttersprache nur mangelhaft beherrschte, nahezu ausschließlich französisch sprach und deutsche Literatur einfach nicht zur Kenntnis nahm. Ihm eiferten zahllose Potentaten nach, und wenn es Deutsch nur als Volkssprache gab, dann Französisch als Hofsprache, und beinahe bis in unsere Zeit hinein hat sich sogar noch der einfachste Bürger bemüht, ein wenig französisch zu parlieren.

Bis in unsere Zeit?
Ja, unsere Zeit erlebt eine neue Welle des Fremden. Wir leben in der englischen Epoche. Und wenn im alten Rom die Erfahrung galt, daß die Römer Griechenland etwa militärisch besiegt hatten, die griechische Kultur aber letzten Endes über die Römer Sieger geblieben ist – so können wir uns nicht einmal damit trösten. Denn Angloamerika hat im letzten Weltkrieg Deutschland nicht nur militärisch besiegt, die angloamerikanische – nun, sagen wir schon – Kultur ist seitdem und noch immer dabei, uns auch sonst gründlich zu überwinden. Und in Verteidigung befindet sich hier wiederum besonders die Sprache. Wenn's aber nicht um so viel schwieriger wäre als Englisch, dann würden wir sicher um der Mode willen auch noch Russisch lernen.
Beispiele aus dem Alltag kennen wir zur Genüge. Es gibt Engländer und Amerikaner, die amüsiert oder fassungslos den Kopf darüber schütteln, daß hierzulande ein erst am späten Abend öffnender Club nicht schlichtweg Nachtclub, sondern Nightclub heißt – daß wir das Wasser in einem Swimming-pool für nobler halten als in einem Schwimmbecken – daß der zeitgemäße Herr seine Anzüge und Hüte nicht etwa in einem Laden »zum feschen Eck«, sondern im »Fashion Corner« kaufen muß – daß die Schönheitsindustrie bessere Umsätze erzielt, wenn sie auf ihre Fläschchen nicht Gesichtsmilch, sondern Milk schreibt – daß ein Laden pleite macht, wenn er sich nicht Shop nennt – daß ein Mensch, der »in« sein will, nicht im Gasthof, sondern im »Inn« speist. Dort sitzt er dann im Grillroom, und vorgefahren ist er in einem Auto,

das von Designern gestylt wurde. Und weil er bis zu seinem nächsten Date noch eine halbe Stunde Zeit hat, beginnt für ihn beim Essen schon der Count down. Aber er wird mit seinem Timing noch zurechtkommen, denn er braucht seinen Wagen, der ja Gott sei Dank ein Fast back hat, lediglich mit einem energischen Kick down auf Full speed zu bringen – er hat eben das richtige Know-how!

Und in welchen Lande sonst noch kommt es vor, daß einheimische Schlagersänger für ihre deutschen Platten bewußt auf ausländischen Akzent trainieren, um höhere Plattenverkaufserfolge zu erzielen? Während einer dieser Spitzenstars in Amerika rundheraus abgelehnt wurde mit der Begründung, sein Englisch zeige eben immer noch deutsche Färbung.

Spätestens an dieser Stelle muß auf die Gefährdung hingewiesen werden, der heute jeder ausgesetzt ist, wenn er solcherlei Gedanken auszusprechen wagt. Er wird als Deutschtümler angefeindet, als Teutonenbold, als Reaktionär und Fremdenfeind, und von hier ist es nicht weit bis zur Verteufelung als faschistoider Nationalist. Mit alledem aber hat ein Bemühen nichts zu tun, die eigene Sprache, die Landessprache, die Heimatsprache zu erhalten.

Ich sage bewußt keineswegs: Reinzuhalten. Denn das hieße dem Hochmut ein gefährliches Wort reden. Fremde Zutat aber hat fast immer noch eine Bereicherung bedeutet, ähnlich so manchem fremdländischen Gewürz in der einheimischen Kost. Und es geht auch nicht etwa darum, Zeiten zu preisen, in denen man versuchte, beispielsweise das Fremdwort Explosionsmotor mit Zerknalltreibling zu übersetzen. Das war lächerlich. Doch um Erhaltung geht es, darum nämlich – und an diesem Punkt sind wir bereits angelangt –, daß unsere Sprache nicht überlagert, letzten Endes beinahe ausgetauscht wird und damit die Ausdrucksfähigkeit des Menschen in diesem Lande hoffnungslos verkümmert.

Es geht darum, daß die Sprache zu den höchsten Gütern des Menschen gehört, daß sie ihn als Trägerin seines Verstandes, seines Denkens, Fühlens und eben tatsächlich als die Krone der Schöpfung ausweist, daß die Sprache Menschen und Völker nicht als gestaltlose Masse, sondern als unterscheidbare, eigenständige und eigenwillige Persönlichkeit darstellt.

Denn trotz aller Hochachtung vor dem Alten Testament glaube ich doch nicht an die Erzählung vom Turmbau zu Babel. Gewiß, ein phantasiereicher Versuch, die Vielfalt der Völkersprachen zu erklären. Ich wehre mich aber dagegen, diese Tatsache als Folge einer Art vorgeschichtlicher Panne aus göttlichem Zorn zu begreifen und neige vielmehr zu der Auffassung, darin eine Gnade der Schöpfung zu erblicken, das Geschenk an den Menschen, die ihm gemäße Ausdrucksform zu finden. Könnte sich italienisches Wesen, so wie es leibt und lebt, in deutscher Sprache ohne Fesseln verwirklichen – oder englische Art in französischen Lauten und umgekehrt? Die eigene Sprache ist ein Teil der freien Selbstdarstellung, der persönlichen Entfaltung von Menschen und Völkern. Sie ist also ein Kapitel Freiheit und damit handelt ihre Erhaltung nicht von beschränktem Nationalismus, sondern von menschlicher Würde.

Sprache ist Heimat, und erst mit ihrer Sprache geht

auch jede Heimat endgültig verloren. Südtirol liefert in unseren Tagen den Beweis dafür. Es lebt mit seiner Sprache und würde ohne sie sterben, wenn sich die Jugend nicht – und gottlob tut sie das wieder – dieser Sprache erinnern wollte. Und das seit beinahe zweitausend Jahren in alle Welt zerstreute Judentum gründet sich noch immer auf das Fundament seiner Sprache.

Nun, eine wachsende Zahl von Veranstaltungen draußen im ganzen Lande tut es kund, daß wir die schlimmsten Sorgen um das Weiterleben unserer Volksmusik etwa als überwunden ansehen dürfen. Die bayerische Musik, das Lied und die Weise, sie blühen, und der alte, vor dem Verdorren bewahrte Baum setzt sogar frische Triebe an. Ja, genau gesehen steht es um die Bewahrung und Wiederbelebung der eigenen Art – zusammengefaßt unter dem Modewort Folklore – gar nicht so übel. Sicher, damit sind auch Auswüchse verbunden: Die manchmal nahezu anwidernde kommerzielle Verarbeitung des Brauchtums besonders in Fremdenverkehrsgebieten, das Jodlerschmalz und der Dirndlzucker – zum weißblauen Fremdenschmarrn verkocht –, der Bierhimmel und die kracherte Burschenherrlichkeit, diese ganze kuhglockenbimmelnde und röserlverbrämte Almrauschigkeit – aber seien wir neben aller Kritik auch etwas dankbar: Dankbar dafür, daß der Publicity-Dünger auf diesem Kitschacker eben doch sehr kräftig auch den edelwüchsigen Pflanzen zugute kommt, daß Tracht und Lied gedeihen und vor wenigen Jahren noch wohl niemand die Ahnung gewagt hätte, es könnten auf einer Veranstaltung von Welt-

rang in München – bei den Olympischen Sommerspielen 1972 – Darbietungen bayerischer Volkskunst einen bejubelten Programmteil bilden.
Dennoch, gelassene Rückschau gibt es für die Heimatpflege mitnichten. Weil sich unter der Rubrik »Heimatpflege« das Stichwort »Erhaltung der Heimatsprache« findet – dick unterstrichen. Allein das verhindert schon, daß die Heimatpflege im Keller abgestellt werden könnte. Und gerade für einen bayerischen Heimatpfleger gibt es auch kein Austragsstüberl. Denn Bayern – dieser leider oft nur angeblich widerspenstige Freistaat – ist besonders gefährdet.
Nicht allein die im deutschen Sprachraum allerwege beinahe schon primitiv nachgeplapperte Nivellierung macht hier ebenso Sorge – und ich betone nochmals, daß die Besinnung dagegen nichts mit Nationalismus gemein hat, ganz im Gegenteil: Diese rechtzeitige Besinnung will doch justament verhindern, daß eines Tages das Pendel wieder ins andere Extrem ausschlägt, wie das beispielsweise der Fall war, als an der Basis einer übertriebenen Francophilie der teutonische Welschenhaß zu glimmen begann und auch in diesem Feuer dann das für Europa so katastrophale Schlagwort vom französischen Erbfeind geschmiedet wurde.
Doch zurück: Nicht allein die Nivellierung macht hierzulande Sorge – auch die innerdeutsche Einebnung, die Uniformierung, die Verödung der deutschen Sprache bedrängt insbesondere die bayerische Heimatsprache – um so mehr, als ihr der Bayer in seiner manchmal irrtümlich als Liberalität gepriese-

nen Wurstigkeit nur geringen Widerstand entgegensetzt. Und vor allem, das ist bäuerliches Erbteil – Bayern in Treue fest –, aber kosten darf es halt nichts. Das hat auch politisch in unserer Geschichte schon so weit geführt, daß Bayern schier widerstandslos das eigene Todesurteil unterschrieben hat, nur weil ihm die anderen versprochen haben, den Strick zu bezahlen.

Um aber die Erhaltung der bayerischen Heimatsprache – ich verstehe darunter neben der altbayerischen geradeso die fränkische und schwäbische –, um ihre Erhaltung zu bewältigen, genügt es nicht, in ästhetischen Zirkeln und auf dem Kunstdruckpapier selten erscheinender Zeitschriften edle Trauer anzustimmen. Denn die aktuelle und massive Bedrängnis kommt ja von den Massenmedien, von der Massenwerbung: Von dorther wird uns mit der Regelmäßigkeit und der hohen Erfolgschance des steten Tropfens – eher schon einer Brause – das krosse Brötchen statt der reschen Semmel, der magere Quark anstelle des volleren Topfens, die Sahne anstelle des Rahms, Rotkohl statt Blaukraut, Möhren statt gelber Rüben, Klempner statt Spengler und vieles andere mehr noch unentwegt serviert. Mit hoher Erfolgsquote, denn das geht so weit, daß die Gemeinschaftswerbung der Bayerischen Milchwirtschaft die Gesundheitswerte des Quarks propagiert – laut Duden ist übrigens der Quark eine ursprünglich slawische Bezeichnung für wertloses Zeug –, daß eine bayerische Nahrungsmittelfirma für ihre krossen Reibekuchen wirbt und unter der amtlichen Kontrolle des bayerischen Staates – laut Packungsaufdruck – das Qualitätserzeugnis

»Bayerische Sahnebutter« angepriesen wird. Und einer meiner Freunde, der in einem oberbayerischen Bäckerladen Semmeln verlangte, wurde von einem schwarzen Goethe-Instituts-Schüler auf die Schulter geklopft und freundlich belehrt: »Du sagen falsch, das heißen Brötchen!«

Und noch dazu übernehmen wir gedankenlos nicht nur die subjektiv anderen, sondern auch die objektiv schlechteren Ausdrücke. Vom minderwertigen Quark war schon die Rede und der Rotkohl ist für jedes sehende Auge ganz einfach falsch. Auch der Satz »die Mutter ging mit ihren Jungen spazieren« könnte geradeso in einer Katzengeschichte stehen. Und »wir schmieren uns ein Brot« klingt für bayerische Ohren schlichtweg unappetitlich, weil wir bisher unsere Brote gestrichen und nur unsere Räder oder Achsen geschmiert haben. Und Brötchen waren bis zur Verbreitung dieses rheinischen Unsinns für den größten Teil Deutschlands keine Semmeln, die ihrer lateinischen Herkunft nach ein Weizengebäck bedeuten, sondern kleine Brotstücke.

Es steht aber hier gar nicht allgemein zur Debatte, ob norddeutsche Ausdrücke besser, ob sie höherwertig sind als süddeutsche. Ist nämlich deutsch immer nur norddeutsch und ist bayerischer Sprachgebrauch etwa nicht ebenso deutscher Sprachgebrauch mit gleichem Lebensrecht?

Ja, die Massenmedien Großstadtpresse, Rundfunk und Fernsehen haben die nivellierende Formung unserer Sprache übernommen. Der Beweggrund aber ist immer derselbe geblieben: Man will sich international gebärden, und ebenso wie der Wert eines

Anzugs etwa daran gemessen wird, ob er gleichermaßen in München, Berlin, Paris oder London tragbar ist und alles andere als provinziell abgetan wird – so arbeiten auch die Couturiers der deutschen Sprache an einem Zuschnitt, der unser Sprachkleid unter bewußter Verleugnung seiner regionalen Herkunft zu einem Allerweltsgewand werden läßt. Dabei übersehen sie offenbar, daß man gerade auf diesem Wege verliert, was in der Mode als Kostbarkeit gilt: das Modell – und letzten Endes alles zur Konfektionsware wird.

Doch ebenso ist gewiß, daß nur von dorther, wo die Nivellierung unserer Sprache erfolgt, auch die wirksame Erhaltung der Heimatsprache möglich ist, einfach deshalb: Weil der moderne Mensch nicht wie früher irgendwelche Gesellschaftsschichten, sondern die mit seinem Leben tagtäglich hautnah verbundenen Massenmedien für tonangebend hält und allein das als salonfähig gelten läßt, was ihm von Lautsprecher und Fernsehschirm als gültig vorgestellt wird. Können wir die Heimatsprache nicht zur Ehre dieser Altäre unserer Zeit erheben, dann bleibt das Mühen aller um sie besorgten Menschen das Spiel von Kindern in ihrer Ecke.

Das Anliegen ist hier keineswegs, im Rundfunk beispielsweise die Nachrichtensendungen im Dialekt zu verlesen, wie man das immer als dümmliche Antwort bekommt, wenn von einem Rundfunk die Rede ist, der über die Stationsansage hinaus als bayerischer Rundfunk auftreten sollte. Es geht um diesen Rundfunk als großen Vermittler unseres Sprachgutes, und er könnte da eine Art Schatzmeister sein, denn wir sprechen doch nicht umsonst vom Sprachschatz, vom Wortschatz. Diesen Reichtum nicht nur zu hüten in elitären Publikationen oder in der Staatsbibliothek, ihn im Alltag zu nützen – das ist die gestellte Aufgabe.

Aber nicht ein vergeistigtes Abendstudio kann unserem Anliegen dienen, das kann weit besser die tägliche, die kurze Alltagssendung, dieses Bewußtsein, das Selbstbewußtsein bayerischer Lebensautonomie zu vermitteln. Und es ist keine Nebensache, die Sprache, diesen Teil der Freiheit eines Landes und seiner Menschen zu wahren. Was für den Schweizer und Österreicher kaum eine Frage ist, muß auch für den Bayern möglich sein. Keine norddeutsche Waschmittelfirma wagt es in Österreich mit seinen sieben Millionen Österreichern auf rheinländisch zu werben. Aber elf Millionen Bayern darf man getrost auf die Düsseldorfer Tour schicken.

Freilich, die Schweiz und Österreich sind eben souverän, und wir haben es versäumt, uns rechtzeitig zu verselbständigen – aber auch und gerade in einem Bundesstaat muß das Lebensgefühl seiner Teile Lebensgesetz bedeuten. Leider lassen viele unserer Zeitungen – auch solche, die sich als Bayerns geliebtes Blatt bezeichnen – keine Gelegenheit aus, bei jeder Schwierigkeit auf das föderative Prinzip loszudreschen, ohne Gespür dafür, daß sie nach völliger Auflösung dieses Prinzips in der Universalsuppe des Einheitsstaates nicht mehr Bayerns geliebte oder flotte Zeitung, sondern sehr bald Bayerns mieses Provinzblättchen wären.

Wir müssen Bayerns eigene Vielfalt und daraus Bayerns Recht auf seine Existenz in der Bundeseinfalt lehren. Lehre läßt an Schule denken, und sie ist, sie wäre eine wichtige Helferin. Doch wie soll diese Lehre möglich sein, wenn wir eigenhändig an unseren Schulen das Lehrfach Heimatkunde abschaffen? Ein geradezu unbegreiflicher Vorgang, eine bayerische Selbstverstümmelung zwecks Fahnenflucht vor dem Einstehen für dieses Land! Wie denn soll man lieben, was man nicht kennt? Ja, für Sexualaufklärung von der ersten Klasse an, da haben wir Zeit, und bald werden unsere Kinder zwar wissen, wie der Samen zum Ei, aber nicht mehr, wie die Isar zur Donau fließt.

Eines der jüngsten Schlagworte heißt Lebensqualität. Schön – aber dazu gehört auch der kulturelle Umweltschutz, dazu gehört es, nicht nur die Landschaft, sondern ebenso den Menschen vor Verödung zu schützen. Die Gesellschaft unserer Tage erfreut sich zunehmender Freizeit, schon wird von ihrer Bewältigung gesprochen. Sie kann aber nur gelingen, wenn der ärgste Feind des müßigen Menschen – die Langweile – in Schach gehalten wird. Und wer dann heute Heimat erforscht, erkennt, erlebt, bewahrt – der ist noch am ehesten sicher vor dem Überdruß an einer glattgebügelten Welt, weil er nicht Tag um Tag ein optimal genormtes Seriendasein begähnt, sondern Blume für Blume zum bunten Strauß des Lebens findet.

Auch darum ist Heimatpflege eine Aufgabe von hoher gesellschaftspolitischer Bedeutung. Und ihre Sorge kann keineswegs allein darin bestehen, eine alte Welt unversehrt zu erhalten. Wohl aber darin, daß das Alte nicht untergepflügt wird und Monokulturen des Neuen entstehen, daß Neues vielmehr so gedeiht, als wäre sein Schößling schon in diesem Boden herangereift – und nicht in den Brutkästen einer zentralen Saatzuchtanstalt.

Wie solcherlei Saatgut in der Landschaft bereits zur Verödung führt – die Bauten der Gegenwart beweisen das weithin. Funktionalismus und moderne Sachlichkeit dienen als Ausrede, seit unseren Architekten nach der Entdeckung des Flachdachs nichts mehr eingefallen ist. Das Flachdach sei eben modern, heißt es, und gerade das ist keine Begründung. Denn das Flachdach ist nicht modern, sondern eine uralte, sinnvolle Bauform des Orients, und wenn sie nun dort mit einer ebenso törichten Begründung modern sein wollten, dann müßten sie im Orient Giebeldächer bauen. Das Giebeldach war oder vielmehr wäre noch immer eine bei uns moderne sinnvolle Bauform, weil sie aus dem Klima dieses Landes gewachsen ist, das weniger Dachgärten und Zisternen als geneigte Flächen für den raschen Abfluß der hier häufigen Niederschläge und für das Abweisen der Schneegewichte benötigt.

Sichtbeton sodann ist der Fachausdruck für die Einsparung einiger Arbeitsgänge, die nachher in der Bausumme doppelt berechnet werden. Doch Scherz beiseite: Unsere Landschaft – unser Gesichtskreis im wörtlichen Sinn – verödet vom Bauen her, und nicht von ungefähr sind heute in München etwa liebevoll renovierte Altbauten die saftigste Augenweide. Die neuen Farben enthüllen wieder die Mühe, die sich unsere Vorfahren mit den Bauformen gaben, hier kann das Auge noch spazierengehen, kann sich buchstäblich erquicken, während es ansonsten in der grauen Eintönigkeit trister Betonzeilen hoffnungslos ermüdet und vergrämt.

Ebenso wie mit einer verödeten Sprache verzichtet auch hier der Mensch auf eines seiner höchsten Unterscheidungsmerkmale: Denn sachgerecht und funktionell kann gleichermaßen das Tier seine Behausung bauen – ein Schwalbennest, ein Biberbau sind an sich technische Vollendung –, der Mensch aber kann schmücken, zur eigenen Freude, zur eigenen Ehre, zum Lobe seiner Erfindungskraft und – sagen wir's doch deutlich in Richtung Kirche auch – zum Preise Gottes.

Gott aber hat uns den Geist gegeben, die Kräfte des Gestaltens und Bewahrens, die Freiheit des Unterschieds – Gott hat uns dazu die Heimat gegeben, denn bewahrte und gestaltete Heimat ist Freiheit. Gott indessen, so schrieb 1830 der amerikanische Staatsmann Daniel Webster, Gott gewährt Freiheit nur denen, die sie lieben.

Ja, lieben wir sie eigentlich, unsere Freiheit, diese bayerische Freiheit? Sind oder waren wir bereit, dafür zu kämpfen, vorläufig und hoffentlich nie anders – als mit Worten, mit Argumenten?

Nun, obgleich von Natur aus und seiner ganzen Tradition nach demokratisch veranlagt, weil er wohl gern einen Rat annimmt, sein Sach aber am liebsten selber macht und das Dreinreden nicht mag, weder in die eigenen Angelegenheiten noch seinen Mitmenschen gegenüber und niemandem was aufzwingen möchte, weil er lieber selber mischt als sich einmischt – trotzdem hält der Bayer gerade innerhalb einer Demokratie keine gute Position. Denn in der Demokratie hat der das große Sagen, dem die freie Rede rasch und munter von den Lippen fließt. Das jedoch ist kein bayerisches Urtalent. Wenn sich dann außerdem die Demokratie mehr und mehr zur Telekratie des Bildschirms wandelt, in der diese Eigenschaft des zu jeder beliebigen Minute über jedes beliebige Thema beliebig lange Redenkönnens noch dringender gefragt ist – dieses wortgewandte Auftreten vor der Kamera, vor dem Mikrofon, dieses Agieren in einer von Interviews, Debatten und Podiumsdiskussionen bestimmten Informationstechnik –, so gerät ein Bayer leicht ins Hintertreffen. Um nämlich erfolgreich seine Lebensart, seine Landesfreiheit verteidigen zu können, müßte er die Eigenschaften seiner Gegner besitzen oder sich aneignen – und wäre dann kein Bayer mehr.

Mit anderen Worten: Um so zu bleiben, wie wir sind und sein möchten, müßten wir Bayern so werden wie wir gar nicht sein wollen. Das ist die große Schwierigkeit für einen Volksschlag, der auch in seiner schwäbischen und fränkischen Ausformung süddeutscher Art das Denken vor das Reden gesetzt hat und nur zu oft seinen Mund erst öffnet, wenn die Blende schon wieder geschlossen, die Kamera weitergeschwenkt, die Sendezeit vorbei und die Debatte vorüber ist. Um sich nachher mit seiner bequemsten Lebensregel zu trösten: »Es hätt sich ja eh net gelohnt!«

Indessen ist auch der Schweizer kein Rednergenie und behauptet trotzdem seit Jahrhunderten seinen

Platz in der europäischen Staatenwelt. Auch der Österreicher nimmt nichts allzu tragisch, und dennoch ist Österreich ein souveräner Staat geblieben, nach sieben Jahren Entmündigung im Hitlerreich wieder Staat geworden. Mit Bayern, als einer Mischung dieser beiden Temperamente, müßte das ebenso zu schaffen sein, und immerhin haben ja weder Kaiser noch Führer, weder Weimar noch Bonn Bayern bis heute auszulöschen vermocht – es ist immer noch ein Staat, freilich kein souveräner.
Doch das Fundament hierfür besteht, und Bayern könnte, ja vielleicht müßte Bayern sogar sein Staatsgebilde von neuem darauf errichten – als eigenständige und unmittelbar durch sich selbst vertretene Region in einem europäischen Verbund.
Ein Traum? Eine Idiotie? Ein Verbrechen? Ein frommer Wunsch? Unsinn, Krampf und Niedertracht oder Hoffnung und Pflicht?

Der Betrachtung letzter und längster Teil
das ist
Bayern am Ende oder am Ende Bayern?

Es muß wieder einmal gesagt werden: Vor über einhundert Jahren – am 23. November 1870 nämlich – schrieb der damalige bayerische Ministerpräsident Graf Bray an seine Frau nach München: »Das ist der Anfang des neuen Deutschland und, wenn unsere

Entwürfe genehmigt werden, das Ende Altbaierns. Es wäre nutzlos, sich darüber täuschen zu wollen.«
Das war, als Bayerns Regierungschef im deutschen Hauptquartier zu Versailles seinen Namen unter ein Vertragswerk gesetzt hatte, das zur Gründungsurkunde des Zweiten Deutschen Reiches werden sollte.
»Das Ende Altbaierns« – seinerzeit eine Prophezeiung. Wenig später dann, als am 21. Januar 1871 der bayerische Landtag dieses Vertragswerk mit einer ziemlich knappen Mehrheit gebilligt hatte, da schrieb der greise, ehemalige bayerische Ministerpräsident von der Pfordten in sein Tagebuch: »Heute haben die Abgeordneten Bayerns ihren König und ihr Land unter die preussische Militärherrschaft mediatisiert, Finis Bavariae!« Das Ende Bayerns! –
Auch das war eine Prophezeiung und heute, nach einem Jahrhundert, müssen wir uns fragen, welche von beiden Voraussagen in Erfüllung gegangen ist – ob keine, ob nur eine oder alle zwei.
Für das von Graf Bray prophezeite Ende trifft es zweifellos zu, daß diese Ahnung Wirklichkeit geworden ist, denn von einem noch existenten »Altbaiern« oder besser alten Bayern – was wohl auch gemeint war – kann heute keine Rede mehr sein. Bayern hat sich gewandelt. Es wurde in dieser Zeit vom Königreich zum Freistaat, es wurde vom betonten Bauernland zum stark industriell durchsetzten Staat, das Zusammenwachsen der Landesteile – auch mit den Flüchtlingen – hat sich fortgesetzt und weitere Wandlungen stehen bevor.
Aber das Ende Bayerns – dieses finis Bavariae? Wir

wehren uns mit unserer ganzen bayerischen Seele, mit allen Kräften des Herzens dagegen, daß jene Prophezeiung schon Wirklichkeit sein könnte, daß sie vielleicht schon Wirklichkeit ist. Und doch – auch und gerade den guten Bayern überkommen manchmal ernste Zweifel – denn die Zeichen stehen schlecht.

Die Zeichen: Man fühlt sich heute mehr als je zuvor auch an andere bayerische Seherstimmen erinnert. Denken wir nur noch einmal an die Abgeordneten der bayerischen Patriotenpartei, die damals im Januar 1871 von einer Ratifizierung des Versailler Vertragswerkes beschwörend abgeraten und einen preußisch bestimmten, militärisch orientierten, deutschen Nationalstaat vorausgesagt, von neuem Krieg und noch mehr Toten gesprochen haben.

Es ist alles eingetroffen, und trotzdem werden diese nicht aus mystischer Sehergabe, sondern aus logischem Denken geborenen Prophezeiungen – diese obendrein ja eingetroffenen Prophezeiungen – noch immer meist nur mit ironischen Anführungszeichen zitiert und mit einem amüsierten Achselzucken abgetan. Und man fragt sich, was eigentlich noch alles in und mit Deutschland passieren muß, um endlich die dumme Formel abzulösen, daß sich der deutsche Föderalismus bewähren müsse. Zweimal hat das zentralistische Machtstreben Deutschland ins Unglück gestürzt, und noch immer nicht hat sich hierzulande ganz allgemein die Überzeugung durchgesetzt, daß man diesem Prinzip die Vormundschaft über Deutschland aberkennen, daß man ihm das immer wieder nur angemaßte Sorgerecht für die deutsche Sache endlich und für alle Zeiten entziehen müsse.

Aber denken wir auch an ganz andere bayerische Seherstimmen, an echte Gesichte – an die des Mühlhiasls etwa und des 1959 verstorbenen Alois Irlmaier. Läßt man sie – und sie liegen heute in einwandfrei gesicherten Texten vor –, läßt man sie Revue passieren, dann kann einem dabei schon sehr bänglich zumute werden. Um so mehr, als die seherische Gabe der beiden Männer anhand der von ihnen vorausgesagten und mittlerweile eingetroffenen Ereignisse bewiesen ist.
Nicht nur sie – auch andere Gesichte sagen schlimme Zeiten voraus. Ich nenne den preußischen Gardehauptmann Guido von Gillhausen, der am 3. August 1914 bereits den Verlauf des ersten Weltkrieges in einer Vision erblickte, protokollarisch festhielt und seine Niederschrift mit den Worten schloß – wohlgemerkt, am 3. August 1914: »Rußland erwacht und streitet mit Amerika um den Besitz der Zukunft. Gott sei mit uns!« Gillhausen starb schon am 2. Mai 1918 an den Folgen einer schweren Verwundung.
Ich nenne die Erscheinung von La Salette 1846, dann die zwei französischen Seherinnen Marie Julie Jahennet und Marie Masmin aus der zweiten Hälfte des vorigen Jahrhunderts – sie alle sprechen von großen Heimsuchungen für eine Zeit nach den zwei großen Kriegen, von einem großen Abräumen, von einer zweiundsiebzigstündigen Finsternis – wobei unklar bleibt, ob eine kosmische Katastrophe oder ein Atomkrieg gemeint ist.
Der Mühlhiasl aber steht uns räumlich und der Irlmaier auch zeitlich am nächsten. Der Mühlhiasl hat bekanntlich auf den Tag genau an die hundert Jahre

zuvor den Beginn des ersten Weltkriegs vorausgesagt. Und was hat er über den Zeitpunkt jenes späteren großen Abräumens vorausgesehen? Er hinterließ die Andeutung: »Wenn die Weiber mit Hosen herumlaufen und die Mannsbilder weibisch gewandet sind, daß man die Weiber und die Männer nimmer auseinanderkennt, dann ist's nimmer weit hin.« Und weiters hat er noch behauptet: »Wenn alles baut, nix wie baut wird, überall wird gebaut, ganze Reihen wern baut, wie die Bienenstöck bauen sie es hin – aber dann wird abgeräumt.« Nun, man schaue sich auf den Straßen um – es kann einem unheimlich werden.

Und der Irlmaier schließlich, der an seiner durch die dann eingetretenen Ereignisse immer wieder bewiesenen Sehergabe schwer gelitten hat – er diktierte noch in seinem Sterbejahr 1959 einem Freund ganze Seiten dunkler Prophezeiungen über einen dritten Weltkrieg ins Stenogramm. Und das Beklemmende daran ist, daß in diesen von Irlmaier selbst oft noch für undeutbar gehaltenen Visionen –, daß darin heute manches klarer wird infolge der Änderung der technischen und politischen Verhältnisse, die man sich vor zehn Jahren noch nicht vorstellen konnte. So sagte Alois Irlmaier damals vom Beginn eines dritten Weltkriegs u. a.: »Ich sehe die Erde wie eine Kugel vor mir, auf der nun die weißen Tauben heranfliegen, eine sehr große Zahl vom Sand herauf.« Die weißen Tauben – nun, damit sind wohl Flugzeuge oder Raketen gemeint und »vom Sand herauf«? Das könnte die Wüste, könnte Afrika andeuten. Und jetzt vergleiche man damit die seinerzeit noch undenkbare, heute aber schon tatsächliche militärische Etablierung der Sowjetrussen in Afrika, im afrikanischen Sand also.

Ja, das sind düstere Aussichten, und gemildert werden sie bei allen Sehern und Gesichten immer wieder nur durch den Hinweis, daß alles Übel nur durch Beten abgewendet werden könnte. Doch mit dem Beten schaut's in unserer Zeit auch nicht gut her. Denn obwohl die Bayern immer noch als ein vergleichsweise frommes Volk gelten, das die Fülle seiner barocken Kirchen von den Alpen bis zum Main nicht bloß als museale Ansammlung wertet, Feldkreuze frisch bemalt und Kapellen am Weg instand hält – der Versicherungsagent ersetzt auch in diesem Lande schon so manchen Schutzpatron – das Dahinschwinden des Bauernstandes, der ebenso wie der Seemannsberuf mehr als andere von den durch Menschenhand nicht steuerbaren Elementen der Natur abhängig und darum besonders auf eine, wenn auch oft sehr rauhe Frömmigkeit angewiesen war – die beinahe schon totale Bekümmernis der Öffentlichen Hand um alle privaten Nöte und die hohen Pflichtausgaben für diesen Sorgendienst lassen die Caritas von Mensch zu Mensch ausdörren – und eine kirchliche Reform, die mit ihrer provozierenden Armseligkeit des Gottesdienstes dem bayrischen Gemüt die Freude am Andächtigsein vergällt – das alles läßt die Hoffnung auf ein Abwenden durchs Beten arg zusammenschmelzen.

Es geht nicht etwa um eine Gegenreformation oder darum, daß ein bayerischer Ministerpräsident auf den Stufen der Münchner Mariensäule wie ehedem

Kurfürst Maximilian sein Weihegebet sprechen müßte. Wenn aber – wie 1970 in München geschehen – ein bis dahin bestens bewährter Abgeordneter von seiner eigenen Partei ausdrücklich nur deshalb nicht wieder als Kandidat aufgestellt wurde, weil er bei der Fronleichnamsprozession mitgegangen ist, dann gibt das schon zu denken. Und obendrein: Schon im vorläufigen Ersatz für ein künftiges bundeseinheitliches Gebetbuch – von den deutschen katholischen Bischöfen als Liederheft geschaffen –, schon aus dieser Sammlung hat man das dreihundert Jahre alte, früher in Drangsal und Not so oft gesungene Patrona-Bavariae-Lied, mit seinem ehrwürdigen Text ergreifend und zeitgerecht wie eh und je – man hat es entfernt. Was der bayerischen Wesensart geradewegs in die Herzgrube schlägt, verübt ohne das geringste Verständnis für dieses Land mit seinen bäuerlichen Liebfrauengestalten im Süden, seinen apfelbäckigen Mariengestalten in Schwaben und den adeligen Madonnen im fränkischen Norden. Denn trotz allem Rauhputz an der bayerischen Fassade ist hier die Marienverehrung ein Kernstück der weißblauen Herzkammer, entsprungen aus der weniger wortreichen als tatbereiten Ritterlichkeit des Bayern der Frau gegenüber, dem Auflichten aller düsteren Zwänge und einer haushälterischen Bescheidenheit, die nicht schon wegen jeglichen Wehdams den großen Herrgott selber, sondern die Fürbitterin anruft. Aber das Volk holt sich die von einer Amtskirche beiseite geschobene Marienverehrung wieder zurück, und wer heute rundum in die Kirchen schaut, der hat noch nie so viele still gestiftete Kerzen vor Marienbildern brennen gesehen. Tut's also not, daß von den weltlichen Kräften eine geistliche Hilfe kommt?

Und die geistigen Kräfte? Da kommen wir zu einem Punkt, an dem sich Prophezeiungen schon mit Hilfe fast exakt mathematischer Überlegungen aufstellen lassen.

Bildungsreform ist eines der Schlagworte unserer Zeit. Jedem Tüchtigen seine Chance – was ohne Zaudern zu bejahen ist. Aber geben wir darüber hinaus nicht allzu vielen eine Chance, denen wir damit ihre eigentliche Chance nehmen – nämlich im späteren Berufsleben eine solide Position einzunehmen, anstatt sich als Unverstandene – in Wirklichkeit aber unbrauchbare Akademiker zum revolutionären Bildungsproletariat zu formieren?

Der mäßig begabte Sohn eines akademischen Vaters war geradezu klassische Figur des höheren Schulwesens. Er wurde mit Nachhilfe und Schülerpresse durchs Gymnasium geschleppt, auf Kosten des Vaters – eine Privatangelegenheit also. Und wenn er später dann doch zu einem Amt gelangte, so war das – weil solche Schüler nur einen kleinen Prozentsatz darstellten – für die breite Allgemeinheit kein großer Schaden. Doch heute schleppen wir ganze Scharen mäßig begabter Schüler durch die höheren Schulen – jetzt aber auf Kosten des Steuerzahlers, und wenn sie eines Tages an die Staatskrippe herandrängen, wenn sie – für die private Wirtschaft in solcher Menge und mangelnder Qualität unbrauchbar – vom Staat in breiter Front Unterbringung verlangen, dann wird das zum Problem.

Und noch eine Möglichkeit zeichnet sich bereits ab:

Da man auch mit massierter Nachhilfe aus untalentierten Massen keine Legionen von Abiturienten bisher gewohnter Güte produzieren kann, werden zwecks Erhaltung der bildungspolitischen Scheinarchitektur die Anforderungen gesenkt, um auch dem Unterdurchschnitt über die im Bildungsprospekt der Nation versprochenen Runden zu helfen. Da man obendrein für diese Massen nicht genug qualifizierte Lehrer beschaffen kann, wird man auch die an den Gymnasiallehrer gestellten und zu stellenden Anforderungen senken müssen. Und das Ergebnis wird in einer Stufe um Stufe wirksamen Senkung des dann einstmals höheren Bildungsniveaus bestehen.

Wissenschaft ist das Brot von morgen, heißt ein sehr richtiges Wort – aber die Gefahr besteht, daß wir keine Bäcker mehr haben werden, die dieses schwierige Brot zu backen verstehen, weil auch die Elite von einer Bildungs-Massenhysterie untergepflügt wird. Während andererseits diese gleichen, fehlgeleiteten Massen in Berufen mangeln, die sie für sich selbst und im Interesse des allgemeinen Wohls weit besser auszufüllen vermöchten. So sind sie für ihre eigentliche Lebensaufgabe verloren, ohne für die andere gewonnen worden zu sein. Auch das kann Verschleuderung von Volksvermögen bedeuten, und die Sowjetunion jedenfalls denkt nicht mehr daran, auch nur einen Bildungsrubel ohne die Garantie der entsprechenden Gegenleistung zu investieren.

Oder man betrachte den sittlichen Verfall – ebenfalls vom Osten her mit Händereiben betrachtet. Daß die Endphase aller großen Kulturen von zügelloser Unmoral gekennzeichnet und bestimmt war – ob wir nun die Assyrer, die Babylonier, die Ägypter, die Griechen, die Römer oder die Niedergangsepochen der christlichen Kirche prüfen –, auch diese geschichtlich erfahrene Tatsache will man heute nicht mehr wahrhaben. Da wurde Bayern etwa, weil es im Bundesrat die Freigabe pornografischer Druckerzeugnisse ablehnte, von Boulevardblättern als rückständig verspottet – Pornografie ist demnach also Fortschritt, und das mit diesem Geschäft finanzierte übelste Establishment unserer Zeit reizt anscheinend unsere Sozialprogressisten zu keinerlei Protest. Denn der verharmlosende Glaubensartikel unserer Sexualdemokraten lautet ja: »Die Geschlechtsteile sind nichts Böses!« – Stimmt – aber dazu ein bayerisches Gleichnis: Auch ein Maßkrug ist nichts Böses – doch er kann es durchaus werden, wenn man ihn nicht zur rechtschaffenen Erquickung, sondern zur Besäufnis oder gar dazu gebraucht, dieses an sich harmlose Gefäß seinem Nachbarn auf den Kopf zu schlagen.

Konsequent ist auch die schon verlangte Abschaffung der religiösen Formel bei der Eidesleistung. Konsequent, weil diesem angeblich christlichen Abendland der Gedanke an ein Jenseits und seine unanfechtbare Instanz in Sachen irdisches Leben lästig wird, da sowas doch der ungehemmten Lebensgier im Wege steht. Also verwirft man die Berufung Gottes und seine unangenehme Gegenwart. Damit kann sich dann immer mehr auch der bisher durch diese Gottesfurcht moralisch gerade noch gehaltene Mensch darauf verlassen, daß ihn die irdische Gerechtigkeit nicht erwischen werde – und wenn er nur diesem Arm der Justiz entgehe, dann sei ja alles in Ordnung.

Nächstenliebe, Treue, Wahrhaftigkeit, saubere Gesinnung, Ehrlichkeit – alles Dinge, denen auf Erden weit weniger Lohn verheißen wird als im Himmel – sie werden zu Attributen einer schließlich immer geringeren Zahl törichter Frömmler, während sich mehr und mehr Menschen dazu bekennen werden, daß dem Erwerb aller diesseitigen Güter ohne Rücksicht auf den Mitmenschen und sogar im Wege des Verbrechens eigentlich nur noch die Polizei entgegensteht.

Und dieses Hindernis wird ja von Jahr zu Jahr kleiner. Das beweisen die enormen Anstiegsziffern der sogenannten einfachen Kriminalität und ihre rückläufige Aufklärung. Überschreitet nämlich die Flut der Straftaten den Pegelstand des mittleren Hochwassers, dann wird auch die Polizei überflutet. So nehmen gerade Diebstahl und Betrug rapide zu, weil das irdische Risiko dieser Delikte schon ziemlich gering ist und ihre Eindämmung des Glaubens an ein jenseitiges Risiko bedürfte. Gott ist eben durch die Polizei nicht zu ersetzen.

Aber Landesgesetze sind es nicht, die auch Bayern eine derartige Entwicklung aufdrängen. Doch wer sich dagegen auflehnt, der wird höhnisch als Law-and-Order-Mann und damit als negative Figur abgestempelt. Und wir merken kaum noch, welch gefährlicher Unsinn da aufgetischt wird. Denn Law and Order bedeutet nichts anderes als Recht und Ordnung, und wann jemals war und wäre schuldig, wer sich für das Recht und die von ihm gewährte Wohltat der Ordnung einsetzt, ohne die kein Gemeinwesen bestehen kann? Recht und Ordnung müssen aber auch das Verhältnis eines Staates nach außen hin bestimmen, in unserem Falle auch in Richtung Osten. Und wiederum hat es nicht bayerische Politik zu verantworten, was nun seit Jahren die deutsche Ostpolitik beherrscht.

Gewiß, die Verständigung mit dem Osten ist eine Lebensfrage. Und ohne Zweifel können wir nicht von einem großmütigen Verzicht auf Gebiete sprechen, die Deutschland selbst mit einem verbrecherischen Krieg des Alles oder Nichts verspielen mußte – so schwer solches Einsehen auch fallen mag, denn gerade ein Bayer vermag verlorene Heimat am teuersten zu bewerten. Denn freilich wird im Norden am lautesten von der Heimat gesungen, doch ebenso sicher stammen die meisten Auswanderer und innerdeutschen Binnenwanderer aus dem gleichen Norden – Bayern hat es erfahren –, während bayerische Heimat von ihren Menschen kaum verlassen und nie vergessen wird, nicht einmal hochdotierten Posten in Bonn zuliebe. Aber die Schulden der Väter werden noch immer von den Söhnen bezahlt, auch Schuld und Schulden des zweiten Weltkriegs. Der hausbackene Verstand des Bayern jedoch schlägt sich weder auf die Seite der unbelehrbaren Zahlungsverweigerer noch auf die der hysterischen Schuldbekenner. Er gibt eben zu bedenken, daß Hitlers Kriegsverbrechen gegen die Menschheit ohne die Kumpanei Stalins nicht möglich gewesen wäre – daß Hitler ohne die Rückendeckung durch den sogenannten Freundschaftspakt mit Moskau vom Sommer 1939 seinen Kriegsbeginn gegen Europa nicht riskiert hätte – daß zwei Verbrecher allen menschlichen Gewissens bar

sich verbündet hatten, um ein Werk des Grauens in Gang zu setzen.
Der gleiche Nachdenker dann wird auch geltend machen, daß im Nah-Ost-Konflikt die Sowjetrussen seit jeher zu den Wortführern der Forderung zählten, die vor den Friedensvertrag die Herausgabe aller von Israel eroberten Gebiete stellt. Und er mag darüber nachsinnieren, wie weit sich dieselbe Sowjetunion ostwärts zurückziehen müßte, wenn sie das gleiche Prinzip einem deutschen Friedensvertrag voransetzen würde.
Doch dieser Nachdenker ist mit seinem nüchternen Bauernverstand ein Realist und meint lediglich, daß wir in solcher Überlegung immerhin der UdSSR nicht auf den Knien nachzurutschen brauchten und ebensowenig mit unserer Technik und Wirtschaft noch zu helfen, daß sie im Ostblock das Gesicht des Großen Bruders behalten kann. Im Zeichen der bundesdeutsch-sowjetischen Wangenküsse schrieb ein jubelnder Kommentator, daß wir nun endlich vom Wissensgebirge der Russen profitieren könnten. Wenn aber dieses Gebirge so hoch ist, warum brauchen die Russen dann Westeuropa, um etwa eine Lastwagenfabrik aufzubauen? Entweder ist der sowjetische Wissensgipfel um ein gutes Stück niedriger oder die UdSSR hat mit ihrer industriellen Kapazität etwas anderes vor – ob für die Welt besseres, das ist die Frage.
Die bayerische Art, mit dem Osten auszukommen, wäre wohl eher praktikabel, weil einfach angeboren. So war ich beispielsweise 1970 Begleiter bayerischer Regierungsvertreter auf einer Informationsreise die

Donau entlang bis zum Eisernen Tor nach Rumänien hinunter. Dabei boten die bayerischen Herren in den Verhandlungen mit Repräsentanten dieser Donaustaaten eine so gute Figur, daß nachher sogar norddeutsche Reiseteilnehmer die Meinung äußerten, man sollte die Außenpolitik zum Südosten hin doch lieber Bayern allein überlassen. Die gute Figur nämlich – sie war eine geglückte Synthese von menschlicher Verständigungsbereitschaft und politischer Distanz, gedeihliches Wirtschaften miteinander dabei keineswegs ausgeschlossen.
Manchmal erscheint einem dieses Bayern noch wie eine Insel, die von unguten Zeiterscheinungen weniger beherrscht wird als andere Regionen – was dem Eigensinn, dem Mißtrauen, dem Hang zum Maßhalten und einer überhaupt bedachtsameren Handlungsweise seiner Bewohner zu verdanken ist. Doch hat man wieder einmal das unbehagliche Gefühl, daß wir uns dem allgemeinen Sog nicht entziehen können, daß wir abermals mitgegangen werden, und vielleicht eines Tages – auch wieder einmal – mitgefangen und mitgehangen.
An das Unbehagen aber knüpft sich die Frage, ob dieses Bayern denn seinen Weg nicht allein suchen sollte? Zusammen mit anderen, die seine Eigenart eher respektieren, ihm die Souveränität des eigenen Handelns und der eigenen Handlungsfähigkeit zubilligen?
Allein, die Chance einer Neuordnung Europas oder des deutschen Raums in diesem Sinn wurde 1945 vertan, teils von den Besatzungsmächten, teils von den Schicksalsmächten, teils von unseren eigenen bayeri-

schen Politikern – eine verpaßte Chance, wie so oft in der bayerischen Geschichte. Dazu kommt noch der große Unterschied: Damals wäre die klare Mehrheit des bayerischen Volkes noch bereit gewesen, diesen eigenen Weg zu gehen. Das hat auch eine seinerzeit angestellte und erst viel später veröffentlichte Umfrage der amerikanischen Besatzungsmacht bewiesen –, bereit gewesen in der buchstäblich erlittenen Einsicht, daß die von Bayern mitgemachte Reichspolitik Bayern selbst binnen siebenundzwanzig Jahren zweimal ins beinahe ausweglose Unglück mitgerissen hatte.

Aber heute?

Wir haben einen jahrzehntelangen Bundeswohlstand hinter uns – das notabene innerhalb der föderativen Ordnung geschehene deutsche Wunder –, auch das bayerische Volk ist längst im Grunde satt und zufrieden, Benachteiligungen von seiten Bonns, Angriffe auf die Eigenständigkeit Bayerns, das Mühen um die Erhaltung der noch föderativen Struktur unserer Bundesrepublik – das alles spielt sich sozusagen auf Regierungsebene ab, dringt nicht in das Bewußtsein der breiten Masse, die dafür nur ein Achselzucken übrig hat und sich um die Zukunft eines politisch noch potenten Bayern kaum irgendwelche Sorgen macht. Hängen wir lieber keinen Illusionen nach: Eine nüchterne Beurteilung der Lage muß erkennen, daß von der Haltung jener Jahre bis 1950 etwa nur noch wenige Prozent übriggeblieben sind.

Oder ist es gar nimmer so?

Da hat vor Jahr und Tag ein norddeutscher Kommentator das Schlagwort geprägt: »Mit Bayern

leben!« und die mitleidheischende Schlußfolgerung war, daß dies eine schwierige Aufgabe sei.
Der gedankenreiche Brettlstar Emil Vierlinger hat seinerzeit mit dem Hinweis gekontert, für Preußen sterben – das habe den Bayern die größeren Sorgen bereitet.
Aber kaum selber trauten wir uns damals zu fragen, ob es nicht ebenso ein schwierig Ding bedeute, mit dem Bunde zu leben – mit ihm und seiner zwar grundsätzlich föderativen Verfassung, die jedoch bis 1973 einunddreißigmal geändert wurde, beinahe durchweg zu Lasten der Länderrechte, und immer nur so schlichtweg mit einer Zweidrittelmehrheit des Bundestages, während die Bayerische Verfassung ausschließlich per Volksentscheid geändert werden kann – demokratisch also höher zu bewerten wäre und trotzdem: »Bundesrecht bricht Landesrecht« – heißt ein Kernsatz des Grundgesetzes der Bundesrepublik Deutschland.
Und welchen Sinn hat noch eine föderative Ordnung, die bereits derart ausgehöhlt wurde und weiterhin abgeschliffen wird, daß die Verwirklichung des Volkswillens im eigenen Lande auf einen Zug um Zug höher gelegten Hindernisbalken stößt?
Da können in diesem und jenem Bundesland Millionen von Wählern mehrheitlich die Politik der Richtung A wählen, der zusammengezählte Bundesdurchschnitt aber ergibt für die Richtung B ein plus von wenigen Prozenten und schon hat die klare Mehrheitsentscheidung einer millionenstarken Landesbevölkerung nichts mehr zu bedeuten, wird auch die landespolitische Gestaltung ihres Bürgerlebens von

einer Entscheidung bestimmt, die nicht ihre Entscheidung war. Das wiegt um so schwerer, als der Bund sich immer tiefer in die Landespolitik hineinmanöveriert, hineindrängt, hineinmogelt – teils auf Grund klarer Zuständigkeiten, die Jahr um Jahr planmäßig erweitert wurden – teils durch die Hintertüre über Dotationsauflagen in Verbindung mit den sogenannten Gemeinschaftsaufgaben.

Ob in Bayern eine Hochschule gebaut werden kann, das bestimmt letzten Endes der Bund. Ob ein Landesteil Bayerns mit Fernstraßen erschlossen wird oder nicht, das bestimmt letzten Endes der Bund. Inwieweit das Grenzland – Bayerns Ostgrenze ist an die achthundert Kilometer lang – gefördert, wie die für Bayern besonders wichtige Agrarpolitik betrieben wird, das bestimmt letzten Endes der Bund. Und während Bayern ohnmächtig zusehen muß, dekretiert auch ein Bonner Regierungsbüro, ob irgendwo im bayerischen Land eine zwar defizitäre, aber lokal bedeutsame Nebenbahnlinie bestehen bleibt oder nicht – eine Nebenbahnlinie, die ebenso wie das gesamte Eisenbahnnetz Bayerns von diesem Staat noch selbst errichtet und 1920 der Deutschen Reichsbahn übergeben wurde für eine versprochene Entschädigung von über zwei Milliarden Goldmark, die das Reich niemals bezahlte.

Der Bayer beginnt nachzudenken, und wär's – genau bedacht – ein Wunder?

Wie schon einmal gesagt: Dieser Bayer ist geduldig und schluckt viel: Er hat nach 1945 über zwei Millionen Flüchtlinge verkraftet, er hat Hunderttausende von weiteren Zuzüglern aufgenommen, und im

Grunde war hier noch jeder wohlgelitten, der dieses Land sodann rechtschaffen als neue Heimat achtet. Nun aber bedrängt ihn langsam das Unbehagen, daß mit seiner Duldsamkeit Schindluder getrieben wird. So nämlich, wenn Jahr um Jahr helle Haufen und Scharen von norddeutschen Urlaubern durch Bayern fahren, die bayerische Wirklichkeit mit eigenen Augen kennenlernen und, wieder zu Hause angekommen, Bayern trotzdem als depperte Hinterwäldlerprovinz verleumden. Provinz – haben die noch nie ein Bremer Hafenkonzert gehört? In dieser Stadt – als Tor zur Welt ehrfürchtig angestaunt – dürfen sie unbelächelt und unverdrossen von längst verblichener Segelschiffsromantik singen, vom Heimweh im Mastkorb und vom Seemannstrost im Fäßchen Rum, gut und recht so – warum aber soll dann unser Almrosengedudel schlimmeren Kitsch und ein Zeichen der Rückständigkeit bedeuten?
Da finanziert in Bayern weit mehr als anderswo in Bundesrepublikanien der Steuerzahler Studienplätze für außerbayerische Studenten und gleichwohl hat ein hessischer Kultusminister wörtlich erklärt: »Ich halte Bayern für den Trittbrettfahrer der Bildungspolitik in der Bundesrepublik« – obwohl gerade er Studenten aus seinem Lande rudelweise an bayerische Hochschulen schickt, weil sie daheim keine Studiermöglichkeiten finden.
Da fressen sich fremde Bauträgergiganten mit ihren Betonwüsten ins Land – da gehört in den schönsten Gebieten kaum noch ein Drittel des Bodens den Einheimischen – da wird Bebauung schon einer Besetzung durch Besatzung ähnlich – und der Bayer nach-

denklich, weil ihm jeder neue Tag deutlicher zeigt, daß Bayern in Bayern bald nichts mehr zu sagen haben und im eigenen Land mit dem Rücken an die Wand geraten. Was aber Österreich und die Schweiz ihren Bundesländern und Kantonen zubilligen, das ist Bayern durch Bundesrecht untersagt: Der gesetzliche Schutz vor Landesüberfremdung. Und das Bundesgrundrecht der Niederlassungsfreiheit hat seit 1949 nur dem nordwestdeutschen Kolonisationsstrom Richtung Süden genutzt.

Und Justiz, Wirtschaft, Sozialpolitik, Verkehrspolitik, Konjunktursteuerung, Kreditaufnahme – auf allen Gebieten erheben sich die bundesrechtlichen Zäune gegen ein landespolitisches Handeln, hemmt eine Reglementierung durch landfremdes Besserwissen die landesgemäße Politik. Wär's ein Wunder, wenn sich der Bayer erinnert, daß Bayern im Laufe seiner mindestens zwölfhundertjährigen Geschichte gute tausend Jahre lang selber am besten wußte, was für dieses Land am besten ist?

Das Ringen Bayerns um seine Selbstbehauptung nicht als Provinz, sondern als handlungsfähiger Staat ist fast so alt wie Bayerns Geschichte. Die bayerische Existenz reicht zurück bis in die kaum erforschten und erforschbaren Bereiche der europäischen Historie, überwiegend nur noch der Wissenschaft des Spatens zugänglich. Schon im achten Jahrhundert aber ist Bayern ein respektables Staatswesen, das unter seinem Herzog Tassilo III. prompt auf den zentralen Machtanspruch Karls des Großen stößt, der zwar diesen Staat herabwürdigen, doch nicht verhindern kann, daß noch vor den Wittelsbachern die von Karls

kaiserlichen Nachfolgern eingesetzten und zunächst landfremden Amtsherzöge schon selbst wieder zu bayerischen Patrioten wurden.
Später, ab 1180, unter seinem dem eigenen Lande entstammendem Herrscherhaus, ist Bayern je nach der politischen Lage Freund oder Gegner des Kaisers, niemals aber wird es der deutschen Sache untreu, seiner Stellung und Aufgabe in Deutschland unbewußt. So hat Bayern von Anbeginn die deutsche Grenze gegen den Sturm aus Osten verteidigt, der Ursprung seiner siebenhundertachtunddreißig Jahre lang regierenden Dynastie der Wittelsbacher entstieg einem Akt ritterlicher Treue zum Kaiser – damals, im feindlichen Hinterhalt der Veroneser Klause – es gab weitum keinen deutscheren Monarchen als den zugleich glühend bayerischen König Ludwig I. – und immer all die Jahrhunderte hindurch konnte sich Bayern als Staat behaupten: Wenn auch von der Reichsgewalt oft genug schlecht belohnt, wie im zwölften Jahrhundert durch die kaiserliche Abtrennung bayerischer Gebiete und ihre Vereinigung zum Staat Österreich – oder am Ende des Dreißigjährigen Krieges durch die vom Kaiser in Wien angedrohte Entwaffnung bayerischer Truppen, obwohl gerade der bayerische Einsatz diesem Kaiser wahrscheinlich den Thron gerettet hatte – oder zu Beginn des achtzehnten Jahrhunderts durch die Vertreibung des bayerischen Kurfürsten Max Emanuel, obwohl Bayern damals mit entscheidender Heeresmacht für den Kaiser gegen die Türken ins Feld gezogen war.
Doch wie gesagt, Bayern konnte sich trotz alledem behaupten. Seit jenem 18. Januar 1871 aber, als in

Versailles ein siegreiches – auch mit Hilfe Bayerns – über Frankreich triumphierendes Preußen das zweite Deutsche Kaiserreich ausgerufen hatte und das bayerische Königreich wenige Wochen später Bestandteil dieser Neugründung geworden war, da begann Bayerns Ringen um die föderative Ordnung in Deutschland, um die Erhaltung der bayerischen Handlungsfähigkeit, der bayerischen Lebensart –, begann und hat bis heute nicht aufgehört.

Gewiß, dieses zweite Deutsche Reich war eine imponierend blühende Schöpfung, obgleich und weil und wohl gerade weil die originären Lebensrechte der deutschen Gliedstaaten gewahrt blieben. Dieser föderative Verband konnte für die Welt rundum als Beispiel staatlichen Gedeihens gelten. Doch den kleinkarierten Nachfahren eines Bismarck und großpreußischen Verfechtern einer totalen Reichskonzentration in Berlin war das nicht genug. Zwar ließ sich keineswegs ersehen, wie jenes Deutsche Reich noch besser als ohnehin florieren sollte, am wenigsten durch stärkere Zentralisierung – aber eine Reichsbahn wollte man, eine Reichspost ohne bayerischen Sonderbetrieb und vor allem keine eigenen Auslandsvertretungen Bayerns mehr. Dabei hatten die bayerische Staatsbahn und Post vorbildliche Leistungen erbracht, nicht zuletzt auch auf die Eigenheit des Landes abgestimmte Leistungen mit ihren Schnellzügen über die Mittelgebirge hinweg und ihren erstmals in Europa eingeführten, für einen dünn besiedelten Flächenstaat so wichtigen Kraftpostlinien. Die bayerischen Gesandten in den europäischen Hauptstädten aber bildeten durch ihre Nachbarschafts-

diplomatie eine wertvolle Ergänzung der gesamten Außenpolitik.
In steter Abwehr und aufgrund eben seiner unbezweifelbaren Leistungen im föderativen Reich vermochte Bayern bis zum ersten Weltkrieg eine weitere Zentralisierung zu bremsen – denn die Konzentration der Macht in Berlin war ohnedies schon zu hochprozentig: Den Krieg nämlich, den Weltkrieg Nummer eins und damit Europas erste Katastrophe, konnten die deutschen Länder, konnte ein seiner ganzen Wesensart nach weit mehr der Züchtung von Friedenspalmen als der Kultivierung von Siegeslorbeeren verschriebenes Land wie Bayern nicht verhindern – nicht gegen einen Reichswillen, der für seine Rolle im Kraftlinienzentrum Europas zu anmaßend geworden und wegen der gleichen Lage für den Posten einer weltpolitischen Ordnungsmacht zwangsläufig zu klein geblieben war.
Weimar dann: Es wäre wohl nur logisch gewesen, wenn sich ein zusammengebrochenes, aber noch fortbestehendes Deutschland auf die Kräfte besonnen hätte, denen der vorangegangene – weiß Gott nicht nur militärische – Glanz zu verdanken war. Wer nämlich hatte bis 1914 in Deutschland ein Eisenbahnnetz geschaffen, das in der Weltrangliste immerhin an zweiter Stelle stand, sowohl technisch wie nach seiner Schienenlänge pro Quadratkilometer? Den ersten Platz übrigens nahm hier Belgien ein, dieser sogenannte Kleinstaat. Wer hatte all die hohen Schulen geschaffen, die Weltruf besaßen und die deutsche Wissenschaft berühmt machten? Wer hatte sogar auf militärischem Gebiet eine Armee herangebildet, die

nach dem Urteil von internationalen Fachleuten als die beste der Welt gelten durfte und objektiv dieses Prädikat auch verdiente, weil sie – ungeachtet ihrer Verwendung für ein zweifelhaftes Kriegsziel – immerhin vier Jahre lang fast einer Welt von Gegnern standgehalten hatte?

Das Deutsche Reich, gewiß – aber Ursprung all dieser Leistungen und maßgebend für deren stetes Gesamtniveau waren doch die Einzelstaaten des Reiches, eines föderativ geordneten Reiches, das eben den Einzelstaaten einen relativ großen Handelsspielraum in eigener Verantwortung belassen hatte. Denn die Kultur überhaupt mit ihrem ganzen Bildungswesen vor allem, weite Bereiche der Wirtschaft und des Verkehrs und für Bayern im Frieden sogar das militärische Kommando waren der jeweiligen Landeskompetenz unterstellt. So hatte sich das föderative Prinzip in dreiundvierzig Friedens- und vier Kriegsjahren als bündische Zusammenführung deutscher Kräftevielfalt zur Spitzenleistung vor aller Welt optimal bewährt und war in seinem Endergebnis vor 1914 höher zu bewerten als die zentralistischen Regierungssysteme anderer Staaten Europas.

Die von der Nationalversammlung in Weimar geschaffene Republik Deutsches Reich aber besann sich keineswegs auf dieses Kräftepotential, wischte die Tatsache föderativer Friedensleistung vom Tisch der Geschichte und stärkte gegen den hellauf besorgten Widerspruch Bayerns ganz entscheidend die Zentralgewalt des Reiches in Berlin. Die Haushalte der nun »Länder« genannten Einzelstaaten wurden zum reglementierten Anhängsel der Reichsfinanzen, die

Einrichtungen der Bahn und Post mit ihren Milliardenwerten gingen trotz vertraglicher Zusage entschädigungslos auf das Reich über, Bayern verlor seine sämtlichen Sonderrechte und natürlich war von einer bayerischen Militärkompetenz, die wenigstens in Friedenszeiten noch Geltung gehabt hätte, keinerlei Rede mehr.

Die zentralisierte Republik von Weimar aber, dieses von den Berliner Zentralprofis mit Notsignalen herbeigewinkte und von den Heilsaposteln der nationalen Sammlung den Deutschen aufgeschwatzte Reichsgebilde konnte weder die Inflation der frühen Zwanzigerjahre noch wenig später die verzweifelte Wirtschaftskrise meistern. Eines jedoch gelang: Die Schaffung eines zentralen Staatsapparats, an dem Adolf Hitler nur noch ein paar weitere Hebel zu ziehen brauchte, um kurz darauf seinen perfekten Einheitsstaat mit absoluter Entmündigung und schließlicher Auflösung der Länder in Gang zu setzen. Welch geradezu gespenstische Parallele, daß auch zu den ersten Taten des roten Diktators Ulbricht in der DDR die Auflösung der Länder gehörte, die sich dort unmittelbar nach Kriegsende für kurze Zeit gebildet hatten.

Wohin Hitlers totales Einheitsreich führte, ist bekannt: In den bis dahin krassesten Zusammenbruch Deutschlands, in die politische Ohnmacht Europas und in die permanente Weltkrise der Supermächte, die den zweiten Weltkrieg zum Vater hat.

Trotzdem: Das mit jenem Inferno des Jahres 1945 verbundene Erlöschen jeder deutschen Reichsgewalt stellte zwangsläufig den Ländern die Aufgabe der

Katastrophenbewältigung, denn allein ihre Kraft war ja noch wie Glut unter der Asche vorhanden, gleich einem Beweis für die Unverlöschbarkeit eines Urelements. Die Länder haben sich diesem Zwangsauftrag des Überlebens unterzogen, und schon unsere Gegenwart muß daran erinnert werden, daß damals eine mit den Maßstäben von 1918 kaum noch meßbare Not in den Ländern ihre ersten Meister gefunden hat. Das Reich war zerbrochen, einen Bund gab es nicht, und so waren es gänzlich ohne Zentralgewalt die von frustrierten Zentralgermanen seit hundert Jahren immer wieder verlachten deutschen Länder, die das buchstäblich zertrümmerte Deutschland in einen Acker des Wiederaufbaus umpflügten, Dächer über verzweifelten Köpfen schufen, das sprachlose Elend eines zertretenen Volkes in Lebenshoffnung verwandelten und endlich ein Teufelswerk durchkreuzten, das mit seiner Einschleusung eines Millionenheers von Heimatvertriebenen auf das totale Chaos spekuliert hatte.
Aber auch später – ab 1949 – der Bund, umschrieben mit dem Begriff Bonn: Welcher Unterschied zu Weimar! Man hatte hinzugelernt und eine föderative Staatsordnung geschaffen, die gewiß nicht allein doch zum guten Teil für all das mit verantwortlich war, was die Welt schließlich das deutsche Wunder nannte – einen deutschen Bundesstaat nämlich, der mit seinen Leistungen auf sämtlichen Gebieten zum schon oft beneideten Beispiel wurde.
Seit geraumer Zeit aber und eigentlich schon seit Gründung der Bundesrepublik fehlt es auch nicht an Parallelen zur Bismarckschen Reichsschöpfung – frei-

lich nicht im Sinn einer wilhelminischen Großmannspolitik mit schimmernder Wehr, und »stolz weht die Flagge schwarz-weiß-rot«. Doch wie damals Wohlstand und Wohlfahrt eines immerhin föderativen Reiches dogmatischen Unitaristen nicht genügten und ihrem Streben aus Zeitmangel kein Erfolg beschieden war, so sind heute wieder die gleichen Kräfte am Werk, um Stück für Stück die Bundesgewalt in Bonn zu konzentrieren und letztlich die Länder als reine Verwaltungsprovinzen abzuwerten.

Wie schon erwähnt: Einunddreißigmal wurde bis 1973 das Grundgesetz der Bundesrepublik geändert, und zwar vorwiegend auf Kosten der Länderrechte, was erstens ein leichtfertiges Verhältnis zur Würde einer Verfassung bekundet und zweitens den ursprünglich verbrieften Grundcharakter dieser Republik als echten Bundesstaat fortschreitend entkräftet. Und in die gleiche Richtung wirken die zahllosen Versuche Bonns, am Rande und sogar neben der Verfassung in die Landespolitik hineinzuregieren über Dotationsauflagen, direkten Verkehr mit nachgeordneten Landesbehörden und unmittelbare Verbindung mit Gemeinden unter Umgehung der jeweils zuständigen Landesregierung.

Ist aber das geltende Ordnungsprinzip des Föderalismus durch teils offene, teils verstohlene Manipulation entsprechend aufgeweicht, dann braucht man voll freudiger Erwartung insgeheim lediglich auf die Frage der Öffentlichkeit zu lauern: »Warum eigentlich brauchen wir noch die Länder?« – Auf daß man im Zeitalter einer Reihe nur noch europäisch lösbarer Probleme der umgekehrten Frage zuvorkomme:

»Warum denn brauchen wir noch den Bund?«
Dabei sind nicht allein in Deutschland, sondern weitum alle Zentralisten bisher den Beweis dafür schuldig geblieben, daß die von einer Zentrale zusammengescharrten Kompetenzen dringlichen Anliegen schneller und besser Rechnung getragen hätten. Wenn's anders wäre, dann müßten Frankreich und Italien etwa seit langem als problemfreie Zonen Europas gelten, und eben das wird niemand behaupten wollen.
Natürlich spricht ein neudeutscher Zentralismus nicht von reichspolitischer Machtentfaltung, weil dies einem Griff in das Schockvokabular vergangener Zeiten gleichkäme. Die zentralistische Bonner Zielansprache verwendet heute statt dessen den Begriff »bundeseinheitlich«. Mit Hilfe dieser Formel, so wird es den Bundesbürgern Ampulle um Ampulle unter die Haut injiziert, ließen sich von Flensburg bis Berchtesgaden alle Probleme maximal rasch, gut und vor allem billig lösen, und jedes Gesetz, jede Verordnung und Vorschrift müsse halt bis aufs Tüpfelchen für die Gesamtheit des Sechzigmillionen-Volkes der Bundesrepublik gelten – weiter wäre nichts nötig. Und wenn zehn Publizisten über die Aufblähung der öffentlichen Ausgaben einen Artikel ausschwitzen, dann führen vermutlich neun davon als eine der Ursachen den »überspitzten Föderalismus« an. Doch die straff in einer Hand befindliche Bundesbahn etwa schleppt über ihre Schienen einen Güterzug voll Defizit und bedient die Landesflächen weit schlechter als die einstigen Länderbahnen. Und auch die Bundespost hat sich mit ihren Leistungen für den postalischen

Normalverbraucher dem Rückschritt verschrieben. Doch warum sollte jede Abweichung von der Bundeseinheitlichkeit kleinkarierten Provinzialismus bedeuten? Das wird so leichtsinnig dahin- und nachgeplappert, als wäre wie beispielsweise in Bayern ein Gesetz für elf Millionen Einwohner nur eine Art Bekanntmachung an der Gemeindetafel eines Fünfhundertseelendorfes. Keiner wird ja österreichische, schweizerische, belgische, niederländische oder dänische Gesetze für lächerlich halten. Warum aber soll dann die eigene Gesetzgebung eines gleich großen oder sogar größeren Staates wie Bayern bloß krampfhafte Wichtigmacherei sein? Oder hat ein Elfmillionenvolk als Bundesland plötzlich keinen Anspruch mehr darauf, sein Leben durch Gesetze, Verordnungen und Pläne so zu gestalten, wie dies der Eigenart des Landes und dem in seinem frei gewählten Landesparlament verkörperten politischen Willen entspricht?

Wer sind wir Bayern denn eigentlich? Nur mit Kündigungsschutz versehene Angestellte einer preußischen Großfirma Klingklang und Gloria oder gleichberechtigte Anteilseigner des Gesellschaftsunternehmens Bundesrepublik Deutschland?

Ja, warum überhaupt Föderalismus und warum noch Länder?

Wenn es auch nur ein Nachtarocken ist, aber manchmal wirkt es doch lehrreich, zu fragen: Was wäre gewesen wenn – –?

Was wäre gewesen, wenn vor 1914 die deutschen Länder in einem Staatenbund und nicht in einem Deutschen Reich das Recht besessen hätten, die außenpolitische Kraftmeierei der wilhelminischen

Ära zu dämpfen? Wahrscheinlich wäre kein erster Weltkrieg gewesen.

Und was wäre gewesen, wenn im März 1933 Bayern wie noch im Bismarckreich das Friedenskommando über seine eigene bayerische Armee gehabt hätte? Wahrscheinlich wäre kein Drittes Reich und kein zweiter Weltkrieg gewesen, weil Adolf Hitler fünf Wochen nach seiner Ernennung zum Reichskanzler noch in Bayern eine spezielle Machtergreifung inszenieren mußte und bayerische Truppen diesen Beginn der Zusammenballung zur kriegsentschlossenen Diktatur verhindert hätten.

Aber das ist große Politik. Im kleineren Planquadrat jedoch haben der Föderalismus und die mit ihm verbundene eigenständige Handlungsfähigkeit des Landes den Sinn, daß wir in Bayern unsere Schnellstraßen dort bauen wollen, wo sie am nötigsten sind – daß die größte landwirtschaftliche Region der Bundesrepublik mit ihren Interessen in Brüssel nicht allein vom vorwiegend industriell orientierten Bonn vertreten werden will – daß wir unser weites Grenzland so fördern möchten, wie dieses nur für uns hautnahe Problem das gebietet – daß wir unser Schulwesen so gestalten wollen, wie das die per Stimmzettel beauftragte Staatsregierung für richtig hält – daß die bayerischen Forsten als die größten der Bundesrepublik kein Bundeswaldgesetz nötig haben – daß wir für unsere Raumordnung keinen Bonner Innenarchitekten brauchen – daß eine Bundespolizei überflüssig ist, zumal sich Bayerns Polizei seit Jahren der weitaus höchsten Aufklärungsquote im ganzen Bundesgebiet rühmen darf – daß Bayern die Stillegung seiner einst eigenen Nebenbahnen nicht nur mit Protestbriefen bremsen will – daß wir – –

– – daß wir in Gottes und Bayerns Namen endlich einmal fragen, ob es eigentlich und überhaupt so bleiben soll, daß Bayern sich jedesmal entschuldigen muß, wenn es bayerisch bleiben will? Wann oder wie nämlich hat an diesem Willen Deutschland oder gar die Welt Schaden gelitten? Oder war es denn bayerische Politik, die binnen hundert Jahren Deutschland in zwei Katastrophen stürzte? Oder wäre die Welt nicht eher in Frieden verblieben, wenn Deutschland Bayern in Ruhe gelassen hätte? Oder hat bayerische Eigenart jemals eine Politik erdacht, die millionenfaches Verderben zeugte? Und ist es also Sünde, solch bayerischen Eigensinn zu verteidigen?

Das erste deutsche Kaiserreich hat immerhin – wenn auch in wechselnder Qualität – an die tausend Jahre lang gehalten, und es war ein föderativ gebautes, ganz Europa verpflichtetes Reich gewesen. Nachfolger dieser Schöpfung einsamer Größe wurde der auf dem Wiener Kongreß von 1815 gegründete Deutsche Bund, der durch einzelne seiner Mitglieder über die deutschen Grenzen hinaus in und mit Europa verklammert war. Er hat wenigstens ein halbes Jahrhundert lang gedauert und könnte wohl noch immer bestehen, wenn ihn Preußen mit seinem 1866 heraufbeschworenen Krieg gegen Deutschland nicht zerschlagen hätte.

In diesem Jahr 1866 aber begann das von Preußen bestimmte, vom Preußischen beherrschte Zeitalter Deutschlands, und es gibt ein paar nüchterne Zahlen, an denen sich das Ergebnis dieser preußischen Führung gleich einem mathematischen Beweis ablesen läßt:

Der Deutsche Bund – in teutonischen Geschichtsbüchern geringschätzig abgehandelt – umfaßte noch ein Gebiet von sechshundertdreißigtausendeinhundert Quadratkilometern.

Das von Bismarck nach der Verdrängung Österreichs 1871 erzwungene Wilhelminische Kaiserreich kleindeutscher Nation war fünfhundertvierzigtausendvierhundertachtundvierzig Quadratkilometer groß. Der von diesem Reich zwar nicht ausgelöste, aber in politischer Unfähigkeit überheblich mitbegonnene erste Weltkrieg hinterließ die Weimarer Republik mit vierhundertsiebzigtausendsechshundertneunundneunzig Quadratkilometern.

Der zentralistische Reichsapparat dieser Republik aber setzte den Diktator Adolf Hitler ins Werk, und der von seinem politischen Verbrechertum entfachte zweite Weltkrieg hatte die Bundesrepublik Deutschland zur Folge, mit einer Staatsfläche von nur noch zweihundertfünfzigtausendneunhunderteinundsechzig Quadratkilometern.

Binnen lediglich neunundsiebzig Jahren also war es einer von Berlin aus geführten deutschen Politik gelungen, den geografisch-politischen Begriff Deutschland auf zwei Fünftel der Größe des verachteten Deutschen Bundes zu verringern und damit das kleinste Deutschland zu schaffen, das es jemals gegeben hat.

Unter dem Strich dieser Erfolgsrechnung preußischer Führungsqualitäten aber stehen für Deutschland außerdem noch fünf Millionen gefallene Soldaten, der zweimalige Totalverlust des Volksvermögens, das Elend von zehn Millionen Heimatvertriebenen und endlich die seit 1866 Schritt um Schritt vollzogene Auflösung deutschen Gebiets in die fünf Trümmer Österreich, Bundesrepublik Deutschland, Deutsche Demokratische Republik, West-Berlin und ehemals deutsches Land ostwärts der Oder und Neiße. Fürwahr eine stolze Bilanz, die den jahrzehntelang gläubig als Dogma verehrten und von Wirrköpfen heute noch vertretenen deutschen Führungsanspruch Preußens wie lebensgefährliche Narrheit erscheinen läßt. Auch Bayern aber war diesem Führungsanspruch und seinen Folgen ausgeliefert.

Und nun wird's Ernst, denn: Ist es ein Verbrechen, wär's Utopie oder Verrat, Bayerns Verbleiben unter solchem Kommando in Frage zu stellen? Verdient einer auch nur Tadel, wenn ihm klar wird, daß er im falschen Zug sitzt und an der nächstmöglichen Station aussteigen will? Oder gar, wenn er in den laut Fahrplanvermerk richtigen Zug eingestiegen ist und plötzlich merkt, daß irgendwelche Kräfte diesen Zug an ein ganz anderes Ziel umdirigieren? Ist er nicht vielmehr ein Tor zu nennen, wenn er trotzdem sitzenbleibt, nur weil er eine bestimmte Fahrkarte gelöst hat? Und gibt es nicht auch eine Art politischer Notwehr?

Aber die Kondukteure sagen ihren Lieblingsspruch: »Wir sind doch alle Deutsche!« und drücken uns auf die harten Sitzbänke der Dritten Nationalklasse zurück.

Wenn wir aber vom Deutschen sprechen, dann müssen wir außer den seit 1945 in fünferlei Deutschland lebenden Brüdern deutscher Sprache ohnehin auch viele Menschen als Deutsche bezeichnen, die staatsrechtlich schon längst Ausländer geworden sind. Die Schweizer, die Österreicher, die Luxemburger, die Liechtensteiner – und niemand kann oder darf es ihnen übelnehmen, wenn sie ihre Landesinteressen souverän vertreten. Nur sollten wir bisweilen darüber nachdenken, wie merkwürdig die Tatsache ist, daß zwar acht Millionen Österreicher oder gar ein paar hunderttausend Luxemburger auf dem Forum der internationalen Welt ihre eigenen Anwälte sind, das Elfmilllionenvolk der Bayern dagegen in seinem tausendjährigen und seit über einhundertfünfzig Jahren unverändert bestehenden Staat einen vergleichsweise frisch gebackenen Bonner Vormund brauchen soll. Dabei hätte Bayern keinen geringeren Anspruch darauf, ebenso wie Österreich seit 1945 als »befreites Land« zu gelten. Denn schließlich vollzog sich im März 1933 die besondere Machtergreifung der Nationalsozialisten in München nur mit einem Bruchteil des Jubels, der 1938 Hitler in Wien entgegenschlug.

Das Argument also, daß Bayern einem rechtsfähigen deutschen Dachverband angehören müsse, weil wir doch alle Deutsche seien, ist somit kein unbedingt sicherer Trumpf. Abgesehen davon, daß sich norddeutsche Küstenbewohner und bayerische Oberpfälzer etwa ohne das Kompromißinstrument Schriftsprache mit keinem Wort verständigen könnten, daß zwischen der Musik im Norden und Süden und allen anderen Ausdrucksformen des Volkscharakters kaum kleinere Unterschiede bestehen als beispielsweise zwischen der schottischen Hochebene und niederbayerischen Getreidefluren, ein Hamburger jedoch für uns als binnendeutscher Blutsbruder und der innigst stammesverwandte Österreicher als Ausländer zu gelten hat, so daß wir auch in dieser Beziehung nur ziemlich holprig alle Deutsche sind. Was im Grunde wiederum für den Föderalismus spricht, weil er genau besehen die einzige Möglichkeit bietet, um einem derart schwach konturierten Begriff wie Deutschland die relativ sichere politische Daseinsform des bündischen Zusammenhalts zu verleihen.

Diese elegantere Existenzberechtigung des föderativen Prinzips müßte eigentlich und gerade sogar der leidenschaftlichste Teutone anerkennen, und wenn er zudem noch ein wahrhaftiger Demokrat wäre, dann sollte ihm das gleiche Prinzip darüber hinaus ein Herzensanliegen sein: weil allein praktizierter Föderalismus die Basis der gelebten Demokratie verbreitern kann – die politische Mitbestimmung des mündigen Bürgers und nicht seine Verurteilung zur Ohnmacht durch die Bündelung der staatspolitischen Macht im zentralistischen System.

Aber schon erhebt sich die bundesdeutsche Segenshand und begleitet milde das beruhigende Wort: Heute sei doch alles anders, vom Führungsanspruch eines Staates Preußen keine Spur mehr zu sehen, das föderative Prinzip gehöre zu den Wesenselementen des Grundgesetzes der Bundesrepublik Deutschland und könne durch keinen Parlamentsbeschluß beseitigt werden – wozu dann all die bayerische Bekümmernis und gar noch ihr Flirt mit einem Scheidungsanwalt?

Beseitigt – nein. Aber angebohrt, aufgeweicht, unterlaufen und zerbröckelt kann das föderative Fundament des Grundgesetzes werden. Auch ein vom Aufwind brennender Kerzen angetriebenes Flügelrad, das einen erzgebirgischen Weihnachtsturm in Bewegung setzt, ist ja letzten Endes ein Verbrennungsmotor, obwohl er der landläufigen Vorstellung von dieser Maschine keineswegs entspricht. Und im Gegensatz zu Preußen ist eben das Preußische noch immer lebendig; was wir bedauern sollten, weil mit Preußen als Staat auch sein redlicher Eigensinn ausgelöscht wurde, der zum ganz ähnlichen bayerischen Charaktermerkmal einen verständnisvollen Gegenpol bilden könnte, wie das immerhin in Bismarcks Verhalten Bayern gegenüber wiederholt aktenkundig wurde. Gleich Ratten aber, die ein sinkendes Schiff verlassen, hat auch so mancherlei das sinkende Staatsschiff Preußens verlassen und im Restwestdeutschland nagenden Aufenthalt genommen. Und seit infolge ihres Kursverfalls die Militärhoheit diese Gemüter nicht mehr so ablenkend begeistert – seitdem wird es für frustrierte Zentralgermanen immer unerträglicher, die noch verbliebene Hoheit nicht einzig in einer nervigen Faust, sondern in bayerischer oder sonstwelcher Landeshand zu wissen.

Das gilt neuerdings auch für die Kulturpolitik, die vom Grundgesetz her und bis heute wenigstens auf dem Papier unbestritten Ländersache ist. Und lange Zeit sahen jene Zentralisten vor allem den Bayern am liebsten in der kulturellen Spielecke, weil er ihnen da gesamtpolitisch kaum ins Konzept geraten konnte. Jetzt aber sollte sich diese Ecke möglichst nur noch auf die Folklore beschränken, auf den Kulturfödera-

lismus der Volkslieder, Volkstänze und Volkstrachten, weil der von Schuhplattlern, Jodlern und Lederhosen in Anspruch genommene Bayer weniger oder zu spät merkt, wo die eigentliche Musik spielt und wer auf seinem Rücken herumtanzt. Und außerdem fühlen sich die norddeutschen Betrachterscharen angesichts der überzogenen Primitivseppelei diverser Heimatabende so bequem in ihrem trotz aller bayerischen Wirklichkeit unerschütterlichen Irrtum bestätigt, daß die Bayern ein unterentwickelter Urbevölkerungsrückstand seien, der allein durch Nordlichter erleuchtet werden könne. So hat man's gern, es sei denn, daß auch der Bandltanz noch als systemstabilisierende Kraft entdeckt wird.
Jedenfalls wendet sich das Interesse der modernen Systemveränderer deutlich der Kulturpolitik zu in der keineswegs nagelneuen Erkenntnis, daß man die Schultafel zur Anschlagtafel umfunktionieren muß, wenn es ein bestehendes System zu behaupten oder zu überwinden gilt. So gab es ja schon in vergangenen Zeiten das geflügelte Wort, daß den Krieg von 1870 eigentlich der nationaldeutsche Volksschullehrer im nachhinein erst so richtig gewonnen habe. Der Zentralist aber braucht ebenso die Schule zur Erzielung des antiföderativen Bewußtseins, und ohne die Bewußtseinsänderung ganzer Generationen von der Schule her ist auch keine Systemänderung, Systemüberwindung oder Systemzerstörung möglich. Darum das teils ahnungslose, teils zielstrebig anvisierte Einander-in-die-Hände-Arbeiten zentralistischer und radikaler Kräfte von nationalsozialer oder sozialistischer Farbe – darum die planmäßige Zermürbung des

letzten Reservats der Landespolitik, der politisch als eminent bedeutsam erkannten Kulturhoheit.
Der entscheidende Einbruch war hier die per Grundgesetzänderung proklamierte Gemeinschaftsaufgabe Hochschulbau und die Auslieferung eines Teils der Hochschulgesetzgebung an die Bundeskompetenz. Damit kann Bonn im Letzten entscheiden, welche Ordnung auch an den bayerischen Hochschulen geschaffen oder geduldet wird – damit kann auch Bayern die Gesamthochschule und schließlich Gesamtschule überhaupt aufgedrängt werden, die den jungen Menschen vom Vorschulalter bis zum Hochschulabschluß von früh bis spät im Griff behält und so zur Meinungskaserne wird.
Nun, die Weimarer Republik hat einen zentralistischen Staatsapparat aufgebaut, zu dessen Vollender und Nutznießer ohne viel weitere Mühe der Rechtsradikalismus Adolf Hitlers wurde – und Bayern war diesem Apparat ausgeliefert.
Für wen aber montiert unsere Bundesrepublik Lötstelle um Lötstelle die zentralistische Schalttafel?
Kaum bekannt ist von Goethe – diesem wahrhaftigen Freiherrn des deutschen Geistes –, daß er nach Napoleons letzter Niederlage den Ausspruch tat: »Ich habe einen endlichen Sieg Bonapartes erwünscht, denn er brachte den europäischen Westen in die deutschen Länder, die durch seinen Untergang nunmehr wiederum Preußen und damit Rußland anheimfallen.«
Ein beklemmend vorausschauendes Wort.
Aber gewiß: Damit soll für Napoleon nicht etwa ein Heiligsprechungsprozeß eingeleitet werden, dem steht unweigerlich sein in der Maßlosigkeit erworbe-

nes Sündenregister entgegen. Doch ebenso unwiderlegbar steht die Tatsache fest, daß nach Napoleon die deutschen Länder Preußen anheimgefallen sind – daß der mit Hilfe zweier von Bismarck bewußt herbeigeführter Kriege gewaltsam durchgesetzte Preußische Führungsanspruch den Ausschluß Österreichs und damit die Schwächung der Deutschen, ja westeuropäischen Kräfte dem Slawismus gegenüber zur Folge hatte – daß die weiterhin preußisch geführte Politik Deutschlands dann deutsches Gebiet unter russische Oberhoheit brachte. Und auch ein Goethe konnte nicht ahnen, daß dieses Rußland die Sowjetunion sein wird – nein, das konnte er nicht ahnen. Doch wir ahnen, daß mit ihrem Aufstieg zur Supermacht nicht mehr allzuviel fehlt, um Goethes Prophezeiung noch gänzlich wahr zu machen. Denn das Preußische ist im Westen noch lebendig, mit all seinem Anspruch auf deutsche Führung. Und vom Januskopf des Staates Preußen ist nur die Westeuropa zugewandte Gesichtshälfte erloschen. Preußen als Staatsidee der Kaserne aber, als die totale Einverleibung des Menschen durch die staatliche Gewalt und sein Mißbrauch zur Ausdehnung der Gewalt – dieser Staat Preußen hat in der DDR seine Wiederauferstehung gefunden. Und Rußland hinter diesem Staat ist stärker denn je.

Wir sind doch alle Deutsche! Auch solche? Und wollen oder dürfen wir noch alle Deutsche sein, sogar dann, wenn uns eine Politik zu solchen Deutschen machen könnte? Wir – in den deutschen Ländern und besonders in Bayern, das nach Osten zwar schon immer neigt aber nicht fällt?

Wäre der deutsche Föderalismus noch eine ungebrochene Kraft, so vermöchte sich Bayern wenigstens mit wesentlichen Bereichen der Politik freihalten von der westlichen Zangenbacke des Schraubstocks gesamtpreußischer Hegemonie – könnte sich abwehrend unterscheiden von der bundespolitischen Selbstaufgabe einer streitbaren Demokratie – müßte nicht jegliche Duldung von Sittenzerfall und Vernunftabtreibung als progressiven Sieg mitfeiern, wäre nicht bald in jedem Bezirk seines politischen Handelns dem Zugriff schleichender Ideologie ausgeliefert, trotz allen Widerspruchs der Wählerstimmen des Landes – hätte keinen Teil am Phantom einer auch von bayerischen Imitatoren Preußens sich selber vorgelogenen Wiedervereinigung – wäre nicht – hätte nicht – aber so? Und ohnehin seit Anfang gebunden von der für eine bündische Demokratie geradezu skandalösen Klammer im Artikel 31 des Grundgesetzes: »Bundesrecht bricht Landesrecht«?

Wenn aber diese Klammer zum Würgegriff wird?

1933 ist Bayern im falschen Zug sitzengeblieben und in deutscher Solidarität an einem zertrümmerten Zielbahnhof angekommen. Konnte Bayern damals aussteigen? Immerhin, man hatte darüber nachgedacht.

Und wenn es nun wiederum der falsche Zug wäre? Denn die Deutschen haben beträchtliche Übung darin, merkwürdige Idole anzubeten. So die Nationalfigur des Faust'schen Gretchens, das zum nationalen Frauenbild wurde für Generationen von Vätern einschließlich der eifersüchtig behüteten Zöpfe ihrer Töchter – und im Grunde war's doch nur ein durch

Schmuck verführbares Wesen, die Mörderin der eigenen Mutter. Oder die gepriesene Nibelungentreue als hehres Sinnbild deutscher Trefflichkeit – und war genau gesehen ein Komplicenverhältnis zwischen dem meineidigen Beischlaferschleicher König Gunther und dem Meuchelmörder Hagen.
Könnte, müßte Bayern diesmal aussteigen?
Immerhin, man sollte darüber nachdenken.
Aber Bayern als freistehender Staat, als abgesprengter Partikel im internationalen Raum, als lebensunfähige Mißgeburt einer törichten Ehe zwischen Engstirnigkeit und Partikularismus? – Lächerlich!
Nein, – Bayern nicht als romantisches Königreich oder nationalstaatlicher Wiederbelebungsversuch im Kleinformat – aber als europäische Region mit eigener Vertretung im europäischen Parlament, um Großes wirklich dem großen Raum zu überlassen, um Kleineres wirklich im kleineren Bereich zu verantworten, um gemeinsam das Schiff Westeuropa auf Westkurs zu steuern und nicht am Schlepptau eines Musikdampfers neupreußischer Abenteurer zu hängen.
Da wäre nun die Betrachtung fällig, ob eigentlich die Rechtslage gar so fest geschmiedet ist?
Denn im Artikel 178 der bayerischen Verfassung vom Dezember 1946 steht geschrieben:
»Bayern wird einem künftigen deutschen demokratischen Bundesstaat beitreten. Er soll auf einem freiwilligen Zusammenschluß der deutschen Einzelstaaten beruhen, deren staatsrechtliches Eigenleben zu sichern ist.«
In der Nacht vom 19. auf den 20. Mai 1949 aber hat

der in freier und geheimer Wahl gewählte Bayerische Landtag als Volksvertretung des Freistaates Bayern die Verfassung der damals zur Gründung anstehenden Bundesrepublik Deutschland – das Grundgesetz – mit einer deutlichen Mehrheit von 101 gegen 64 Stimmen abgelehnt. Das heißt, daß Bayern diesem deutschen Bundesstaat eigentlich nicht beitreten wollte – eingedenk der Bayerischen Verfassung –, weil im Grundgesetz nur noch von Bundesländern und keineswegs von deutschen Einzelstaaten die Rede war und außerdem deren staatsrechtliches Eigenleben als nicht ausreichend gesichert erschien. Der seinerzeitige Ministerpräsident Hans Ehard hatte sogar erklärt, daß eben dieses Grundgesetz die Gefahr des Einheitsstaates heraufbeschwöre – eine Warnung, die nachher von Jahr zu Jahr deutlicher bestätigt wurde. Die Gefahr der Zentralisation lag also in der Tendenz des Grundgesetzes und weniger in seiner ursprünglichen Form, die unbestritten föderative Wesensmerkmale zeigte. Die bayerische Erkenntnis war somit, daß Deutschland aus seiner zentralistischen Elendsvergangenheit zwar gelernt hatte, aber keine Gewähr bestand, es werde das Gelernte auch behalten.

Trotz der Ablehnung jedoch wurde Bayern das Grundgesetz aufgezwungen und zwar durch den Machtspruch der drei westlichen Besatzungsmächte, demzufolge dieses Grundgesetz für die ganze Bundesrepublik gelten mußte, sobald es zwei Drittel der Länderparlamente gebilligt hatten. Das war der Fall, und so geriet entgegen der Ablehnung des Grundgesetzes durch den Bayerischen Landtag und entgegen dem von der Bayerischen Verfassung gebotenen freiwilligen Beitritt Bayerns der bayerische Schritt in die Bundesrepublik zur Zwangsmitgliedschaft. Das bayerische Volk im ganzen war nicht gefragt, das Votum seiner Volksvertretung übergangen und sein politisches Selbstbestimmungsrecht außer Kraft gesetzt worden.

In Bayern, das eine per Volksentscheid beschlossene und also demokratisch hochwertige Verfassung besaß, wurde damit eine durch Besatzungszwang aufgenötigte und also demokratisch geringerwertige Bundesverfassung rechtsverbindlich, die zudem verkünden durfte: »Bundesrecht bricht Landesrecht«! – Ein im Sinne wahrhaftiger Demokratie seltsamer, ja bedenklicher Vorgang, den man zumindest in Frage stellen darf.

Und wenn wir nun obendrein den »Deutschen Demokratischen Bundesstaat«, dem Bayern laut Bayerischer Verfassung beitreten wollte –, wenn wir ihn eines Tages auch nicht mehr als demokratisch bezeichnen könnten?

Die Behauptung, daß Bayern als Staat aus eigener Kraft nicht lebensfähig sei, verdient eine weitere Betrachtung. Weil nämlich – wenn diese Behauptung zuträfe – eine lange Reihe anderer Staaten ebenso wenig existieren könnte: Beispielsweise in alphabetischer Reihenfolge Albanien, Belgien, Bulgarien, Dänemark, Finnland, Griechenland, Irland, Island, Luxemburg, Norwegen, Österreich, Portugal, Schweden, die Schweiz und Ungarn. Denn sie alle sind, an ihrer Fläche oder Bevölkerungszahl gemessen, kleiner als Bayern. Ja, auf die ganze Welt bezogen, besitzen

von allen Staaten der Erde bevölkerungsmäßig siebzig Prozent und flächenmäßig achtundzwanzig Prozent eine geringere oder die gleiche Größe wie dieser weißblaue Freistaat Bayern.
Freilich, darunter ist wohl so mancher, der nur mühevoll ein karges Leben fristet. Nicht minder jedoch finden sich gerade im Kreis der europäischen Kleinstaaten politische Gemeinwesen mit beneidenswerten wirtschaftlichen, kulturellen und sozialen Leistungen, während vor allem die sogenannten Großmächte an kaum lösbaren Problemen kranken.
Bayern selbst aber ist keineswegs ein Hungerleider. Allein seit 1958 sind hier innerhalb eines Jahrzehnts an die dreihunderttausend neue industrielle Arbeitsplätze entstanden, und im gleichen Zeitraum ist das Brutto-Inlandsprodukt von sechsunddreißig auf vierundachtzig Milliarden D-Mark gestiegen, wobei die bayerische Zuwachsrate jeweils klar über dem Bundesdurchschnitt lag. Bayerns Export aber hatte im Jahr 1973 einen Wert von über dreiundzwanzig Milliarden D-Mark.
Und wenn wir schon am Ansturm unserer Bundesbrüder auf Bayern oft so gar keine Freude haben, so hat er als Trost wenigstens die Qualität eines klaren Beweises: Niemals zögen doch die Menschen scharenweise nach Bayern, wenn es wirklich das Armenhaus der Bundesrepublik wäre – wie vor kurzem noch die Wahlpropaganda einer Partei gelautet hat. Andernfalls müßten ja die Zuwanderer aus dem Norden Insassen von Irrenhäusern gewesen sein, denn wer Zukunft sucht, geht nicht in ein Land, das keine hat. Doch der persönliche Informationsstand

dieser Menschen war offenbar erheblich besser als das bundesdeutsche Wissen der für besagte Propaganda verantwortlichen Bonner Parteizentrale.

Das Argument, Bayern habe schließlich keinerlei Rohstoffe, gehört ohnehin in einen Abstellraum der Wirtschaftsgeschichte. Denn die Zeiten sind vorbei, da Bayern für jede Radumdrehung seiner Lokomotiven auf Kohle aus dem Ruhrgebiet und für jede metallverarbeitende Fabrik auf Stahl von ebendorther angewiesen war. Denn zwei Jahrzehnte schon ist am Rhein die Kohle ein Kummerthema, und ihrer Neuentdeckung in der Energiekrise Ende 1973 steht die Tatsache gegenüber, daß man das schwarze Gold weit billiger noch importieren könnte. Auch das markige Lied vom deutschen Erz in deutscher Erde ist seit langem schon verklungen, und ohne die Einfuhren aus Schweden oder Übersee wären die rheinischen Hochöfen auf einen recht sparsamen Hausbrand beschränkt.

Das will heißen: Hätten allein Staaten mit eigener Rohstoffbasis Lebenserwartung und Daseinsrecht, so wäre die Schweiz etwa spätestens mit Beginn des Industriezeitalters den staatlichen Auszehrungstod gestorben. Stattdessen aber gilt sie in aller Welt als Muster eines wohlhabenden und klassisch souveränen Landes. Mit der Sorge um die Rohstoffbeschaffung jedoch sieht sich heute jeder moderne Industriestaat konfrontiert.

Oder fehlt Bayern der Schwung, um als Staat eigener Handlungsfähigkeit mit Impulsen seinen Puls schlagen zu lassen? War oder ist dieses Land so rückständig, daß es nie vorwärtskäme?

Bayern gab sich dreißig Jahre vor Preußen und Österreich eine Verfassung – hier entstand in landeseigener Regie die erste deutsche Briefmarke – dampfte die erste deutsche Eisenbahn – fuhr Europas erste Kraftpost – flog Deutschlands erste Luftpost – arbeitete das erste Selbstwählfernamt der Welt – wurde die Stenografie erfunden – die Rotationsdruckmaschine – der Dieselmotor – hier entdeckte Röntgen das Weltwunder der nach ihm benannten Strahlen – hier fanden statt als Welturaufführung die Pockenschutzimpfung und die Einführung der Schwemmkanalisation als Grundlage aller modernen Hygiene – Bayern führte als erstes Land der Bundesrepublik die Schluckimpfung gegen das würgende Gespenst der Kinderlähmung ein – hier gibt es die erste deutsche Augenbank – das erste europäische Herzzentrum – das erste deutsche SOS-Kinderdorf – das erste deutsche Ministerium für Umweltschutz – das erste Tele-Kolleg als weiteren Bildungsweg – um nur eine lückenhafte Auswahl zu nennen. Und rückständig ist man wohl eher dort, wo man von alledem nichts weiß oder wissen will.

Aber ohne den Bund und ohne die Zuschußmittel aus Bonn bleibt Bayern auf der Strecke, geht ihm die Luft aus, kann es keine Bahn, keine Post betreiben, keine Fernstraßen bauen, keinen einzigen Soldaten im Lande haben?

Doch dazu gibt es ein paar nüchterne Zahlen aus dem Jahr 1974, enthalten in amtlichen Unterlagen, die zwar allgemein zugänglich sind, aber kaum zur Kenntnis genommen werden. Um die Endsumme zu finden, braucht man keine Mengenlehre, sondern

lediglich die ersten zwei der insgesamt vier Grundrechnungsarten. Und so lautet das Ergebnis:
Der bayerische Staatshaushalt 1974 besitzt ein Gesamtvolumen von rund zwanzig Milliarden D-Mark, gespeist aus Landessteuern, Steueranteilen und sonstigen Einnahmen. Das in Bayern erwirtschaftete gesamte Steueraufkommen aber ist weit größer und von diesem Gesamtbetrag gehen zwölf Milliarden an die Bundeskasse. Das heißt:
Allein auf sich selbst und seine ganzen, ungeschmälerten Einnahmen gestellt, hätte Bayern einen Staatshaushalt nicht in Höhe von zwanzig, sondern von zweiunddreißig Milliarden D-Mark. Und wenn auch für ein selbständiges Bayern dann alle Bundesmittel in Wegfall kämen, unter dem Strich bleibt eben doch die mit purer Wahrheit identische Vermutung, daß diese zweiunddreißig Milliarden Mark für alle Ausgaben ausreichend wären, die ein souveräner Staat zu bewältigen hat. Denn Portugal etwa, mit seinen zweiundneunzigtausend Quadratkilometern und 9,2 Millionen Einwohnern –, Portugals gesamter Staatshaushalt belief sich 1974 auf 5,31 Milliarden D-Mark.

Wer aber behauptet oder mehr schon nachplappert, ohne Föderalismus käme die Bundesrepublik billiger, gegen den kann der Spieß auch umgedreht werden. Ohne Bund nämlich könnten wir uns mindestens die 1974 veranschlagten zweihundertvier Millionen für den Bundestag, die zweihundertdreiundachtzig Millionen für das Bundeskanzleramt und die dreihundertsechsundachtzig Millionen für das innerdeutsche Beziehungsministerium sparen – zusammen also achthundertdreiundsiebzig Millionen D-Mark. Auf die Länderverwaltungen dagegen – obgleich dann bloß noch Provinzialadministrationen – könnte auch ein zentralisierter Einheitsstaat keinesfalls verzichten, und wenn künftig überhaupt etwas entbehrlich wäre, dann am ehesten die Zwischeninstanz, weil höchstwahrscheinlich im kommenden Europa nur noch regionale und übernationale Interessen und Entscheidungen von Bedeutung sein werden.

Doch wozu der ganze Aufwand an Rechnung und Beweis? Separatistische Drohung? Bayerischer Aufstand? Deutsche Zertrümmerung?

Nein, das freie Deutschland ist schon klein genug, aber nicht aus bayerischer Schuld. Und um so weniger sollte dieses Deutschland noch kleiner werden – wiederum nicht aus bayerischer Schuld. Denn es käme nur dann so weit, wenn für Bayern der Verbleib im Bundeskreis unerträglich, unmöglich, unzumutbar und unverantwortlich würde – und eben das wäre dann deutsche Schuld. Doch wir sind auf abschüssigem Weg dorthin.

So hat unsere Betrachtung letztgültig den Sinn, zu einiger Nachdenklichkeit darüber anzuregen, daß nicht Bayern den Bund braucht, sondern umgekehrt – daß darum Bayern im Bund eine deutsche Leistung freien Willens ist – daß die Möglichkeit eines bayerischen Staates ohne Bundesrepublik nicht Utopie bedeutet, sondern Warnung davor, das föderative Prinzip unterzupflügen. Denn dieses Prinzip allein, der bündische Gedanke kann friedlich, dauerhaft und gerecht allerlei Deutsches zusammenfügen – und halten, was im Grunde gar nicht so gut zusammenpaßt.

Denn recht besehen kann der bayerische Löwe heute mehr als je zuvor auch ohne Reich oder Bund fest auf seinen vier Pranken stehen – der Bundesadler jedoch wird ohne Bayern zu einem ziemlich traurigen Vogel, um ein weiteres Drittel seiner Federn beraubt. Daß Bayern das könnte – wir dürfen's getrost vermelden, wenn uns vom Preußischen her die Meinung anfällt – wir müßten. Auch ein modernes Bayern aber hat keine Zukunft ohne das Fundament seiner Vergangenheit.

So mag uns noch immer und soll wieder Hilf' und Beistand leisten die Besinnung auch auf ein Stück altes Bayern, auf eine Zeit, in der dieses Land – obwohl wesentlich kleiner als heute – europäische Bedeutung erlangt hatte: Ich meine jenes Jahr 1638 und die Errichtung unserer Mariensäule zu München mit ihrer lateinischen Inschrift, wie sie Benno Hubensteiner so demütig-selbstbewußt übersetzte:

> »Unser Liebe Frau, erhalte deinen Bayern
> das Sach und den Herrn,
> die Ordnung, das Land und den Glauben!«

Ein Geschenkbuch
besonderer Art – Dokumentation und Reportage.

BERNHARD ÜCKER

Endstation 1920

Die Geschichte der Königlich Bayerischen Staatsbahn.

159 Seiten mit 107 Abbildungen, davon 7 in Farbe.
Leinenband.

Von der ersten deutschen Eisenbahn (Nürnberg–Fürth) 1835 bis zur »Verreichlichung« der Länderbahnen 1920 zeigt diese reichbebilderte Dokumentation den Weg von der guten alten Zeit in die Welt der Technik des 20. Jahrhunderts: Frühe Lokomotiven stehen neben dem Hofzug Ludwigs des II., Trassierung und Brückenbau stellen ebensolche Leistungen der damaligen Ingenieure dar wie die Konstruktion der S 3/6 oder die Einleitung der Elektrifizierung.

SÜDDEUTSCHER VERLAG MÜNCHEN